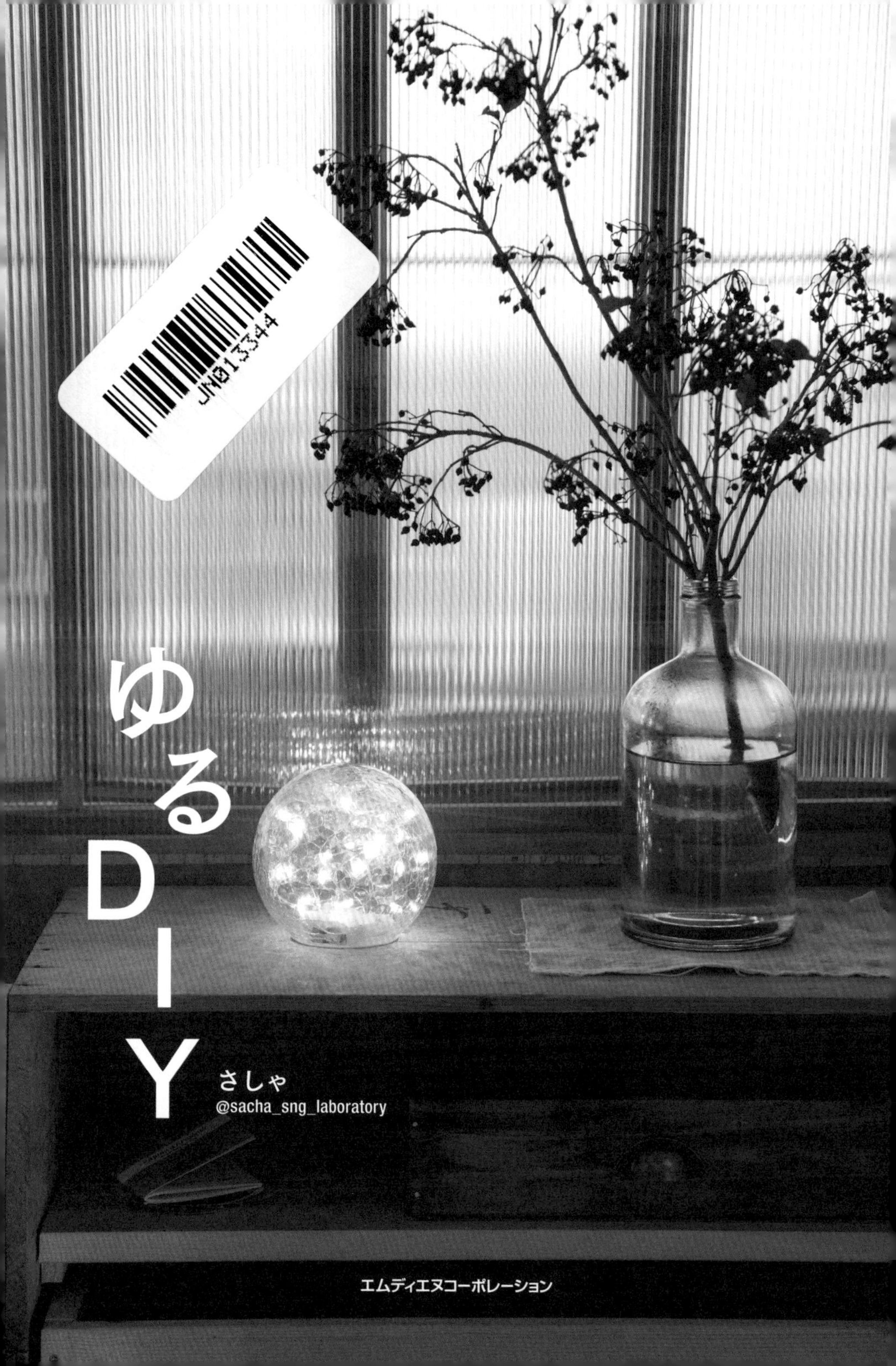

JN013344

ゆるDIY

さしゃ
@sacha_sng_laboratory

エムディエヌコーポレーション

はじめに

私がＤＩＹを始めたのは、９年ほど前。

じつは、それまでドライバー一つ握ったことがありませんでした。そんな私でしたが、Ｗｅｂで見かけたカラーボックスのＤＩＹを、見よう見まねで挑戦し、テレビ台をつくってみたのです。

とても簡単なものでしたが、初心者の私にとって完成したときの喜びはひとしお。達成感、徐々にでき上がっていくワクワク感の虜になり、気付けばＤＩＹは私の日常となっていました。そして、つくったアイテムやつくり方をブログやインスタグラムに載せると、ありがたいことに多くの方が関心をもってくれたのです。

そんな中、「私にもできますか？」「難しそう」といったお言葉をいただくこともよくあります。この本を手に取ってくださった皆さんの中にも、そんな気持ちを抱いている方もいらっしゃるのではないでしょうか？

そんな方にまずお伝えしたいのは、「大丈夫！　きっとできます！」ということ。なぜならば、ど素人だった私だってできるようになったのだから！

私たちがこの家に引っ越してきたのは約4年前。現在、中学生の長男、小学生の次男、保育園児の長女と4人で暮らしています。

本書の中で詳しく紹介していきますが、最初は、THE昭和な台所、ふすまと砂壁だらけの純和風のリビング……。約40年の歴史を感じる汚れや不備もあちこちにある物件でした。もし、DIYを始める以前の私だったら、住むことをためらったかもしれません。でも、DIYがすっかり日常になっていた私の中に湧いた感情は、「古い家でも自分らしい暮らしはつくれる」という安心感。そして、これからどう変えていこうかというワクワク感でした！

真新しくおしゃれなマイホームに「うらましい」という気持ちがないといえば嘘になりますが、この家にはそういった新品や既製品にはない楽しさがあります。そして、この家で暮らし4年経ったいまは、「古い家でも賃貸でも、お金をかけなくても『自分らしい暮らし』はつくれる」と、自信をもっていえます。

私が実践してきたDIYは、どれもゆるいことばかり。皆さんも、ゆるDIYを始めれば、自分の家がもっと好きになるはずです！

48 CHAPTER2

古い家を快適にする工夫

CHAPTER1

賃貸でもゆるDIYで理想の空間に

築約40年の賃貸古民家も、少しの手間と工夫で
自分好みの空間になりました。レトロな風情を生かしながら、
コツコツと育ててきた我が家をご紹介します。

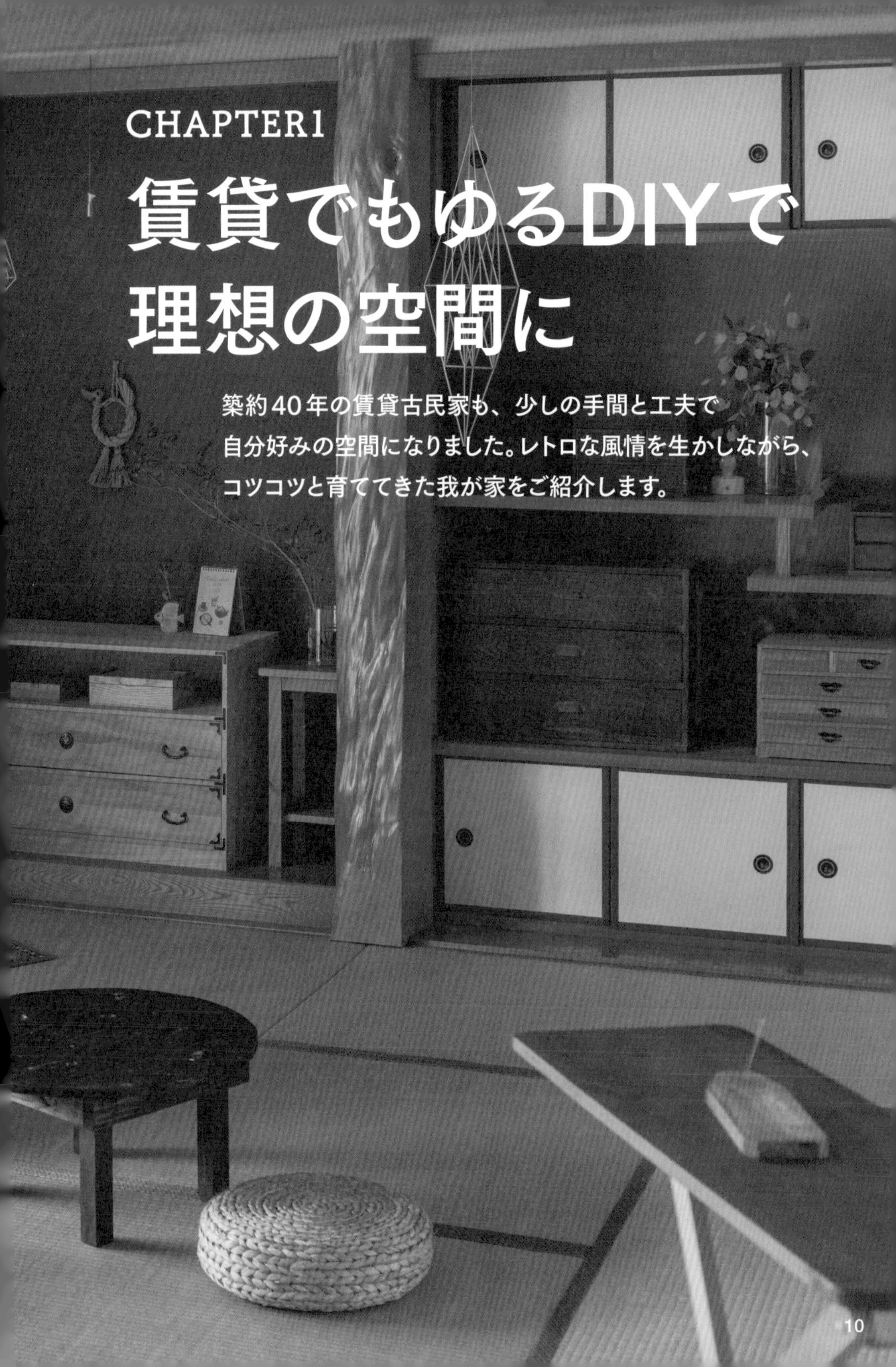

築約40年の賃貸物件を自分好みにリメイク

傷も汚れもたくさん。築40年を経た一軒家は、経年劣化や時代を感じさせる〝古さ〟がにじみ出た賃貸物件でした。そのままの状態で暮らすのは見た目にも機能的にも厳しい……。そこで実践してきたのが、ゆるＤＩＹです。一見、手が込んでいるように見えるかもしれませんが、実践してきたのは簡単なＤＩＹばかり。市販の手頃で便利なリメイクグッズもうまく活用していけば、ちょっとの手間と頑張りで、賃貸でも古い家でも、お金をかけず自分好みに変えられます。

KITCHEN & DINING

KITCHEN & DINING

WASHROOM

子どもたちと一緒に育ててきた古民家暮らし

　この家に引っ越してきたのは２０１９年のこと。決して状態がいいとはいえない古い物件。それでもここに引っ越すことを決めたのは、居心地のいい暮らしが想像できたからです。約１００㎡を超える広さ、燦々《さんさん》と光が入る和室と縁側……。見た瞬間に魅了され、家族全員が「ここで暮らしたい」と思いました。
　ＤＩＹは、住み始めてから少しずつ施していきました。一気に現在の状態になったわけではなく、暮らしていく中で試行錯誤をしながら変えていきました。やってはみたもののイマイチだったり、失敗したり、長いこと手付かずのままだった箇所もありました。もちろんいまも完璧ではないし、成長途中。
　そんなふうに、ゆっくり、ゆるく変化をしてきた、いまの我が家をご紹介していきます。

AFTER

BEFORE

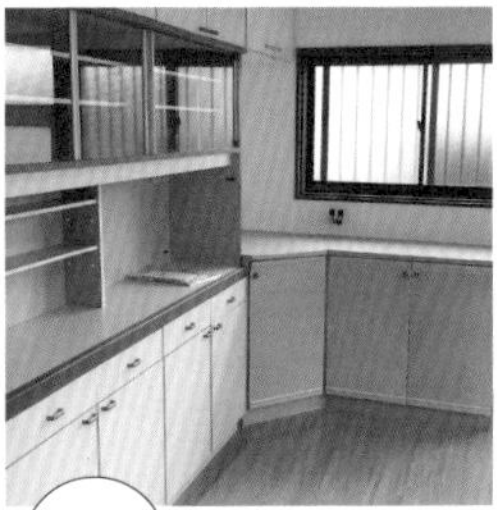

入居時

DIY
第一弾

レトロな雰囲気を生かしつつ少しずつ進化している台所＆ダイニング。最初のうちは、もともと敷いてあったクッションフロアのままでしたが、床を変えると垢抜けた雰囲気に。

年季の入った床やタイルをリメイクし古びた雰囲気を払拭

もともとは、ビニール素材のクッションフロア、黄ばみぎみのタイル、ひび割れたガラス戸が付いた食器棚……。台所＆ダイニングは築約40年の年季も否めないエリアでした。

とはいえ、賃貸なので床板やタイルの張り替えはできない我が家。そこで頼ったのは、〝貼ってはがせる〟フロアタイルやタイルシールです（P62〜参照）。床やシンクまわりのタイルを変えると雰囲気は一変。レトロ感を残しつつ、モダンさが漂う空間になりました。

BEFORE

入居時

DIY 第一弾

以前は棚板１枚だけの簡単な棚をつくり取り付けましたが、見た目も使い勝手もイマイチ。「直射日光も防げるものを」と思い現在の棚につくり替え。

窓際に棚をつくり 収納スペースを拡大

台所の大きな出窓には、木材とポリカーボネートでつくった棚を取り付けました。じつはこの棚、収納としてはもちろんですが、断熱の役割も兼ねています。というのも、この大きな窓から夏は直射日光が、冬は冷気が直撃。シンク前に立っていると、とにかく暑さや寒さが厳しかったのです。そんな容赦ない日差しや冷気も遮ってくれるこの棚を備えてからは、台所仕事がぐっと快適になりました。もちろん使い勝手も格段に向上。よく使う調味料は手に取りやすい棚の中段に。棚の上や下にもものが置けるので収納場所も増えました。

黒のタイルシールでメリハリある空間に

汚れや黄ばみが否めなかったシンクやコンロまわりのタイルは、貼ってはがせるタイルシールでリメイク。黒のタイルによって空間が引き締まり、モダンな印象になりました。

キッチンツールを吊るせるようにひと工夫

(上)フライパン類も吊るして収納。(下)出窓に取り付けた棚の上部には釘を打ち、ツールを吊るせる仕様に。包丁の収納にはイケアのマグネットナイフラックを活用しています。

BEFORE

DIY
第一弾

入居時

リメイクをする前は、なんとなく暗い印象が漂う食器棚。もともと備え付けられていたガラスの扉は、入居後すぐに取り外しました。

インテリア用のマステで食器棚を華やかに

AFTER

ダイニングに備え付けられていた大きな食器棚にはガラス扉が付いていたのですが、ヒビが入っているうえに補強用の黒いビニールテープも貼られていました。そんな見た目にも安全面にも難があったガラス扉は入居後すぐに取り外しオープン収納に。お気に入りの食器を並べていましたが、それでも少し味気なかったのでインテリア用の花柄のマスキングテープで棚をリメイク。すると、ぱっと明るい空間になりました。活用したマスキングテープは人気ブランド「ｍｔ」のインテリア用シリーズ「ｍｔ　ＣＡＳＡ」のもの。幅広タイプなので家具のリメイクにも便利。貼り直しもできるので、初心者も安心して使えます。

アーチ型に切った板でかわいらしさを演出

食器棚の横のスペースは、貼ってはがせるタイプの壁紙でリメイク。さらに、「ラブリコ」というアジャスターと長い木材がセットになったアイテムを使い両サイドに柱を設置し、そこにピタリとハマる飾り棚とデスクを備え付けました。上部にはアーチ状に切り抜いたベニヤ板を接着し、北欧っぽさを出したところもこだわり。ここでは子どもたちが宿題をしたり、絵本を読んだり。ＤＩＹによって壁面が生きた、万能スペースになりました。

BEFORE

入居時

DIY
第一弾

もともとはごくふつうの白壁でしたが、壁紙を変えると雰囲気がガラリと変わります。家具は前に住んでいた家で使っていた棚を置いていたので、サイズも合っておらず、しっくりきていませんでした。

AFTER

手づくりの机には、100円ショップで買える材料だけで引き出しを製作。文房具や体温計などを収納しています。

格子で雰囲気は一変。
居心地のいい空間に

BEFORE

古さが漂い好きになれなかった出窓。棚にテレビを置いたこともありましたが、しっくりきませんでした。

AFTER

古いサッシが目立つ窓、年季の入ったふすま……。どことなくどんよりした空気が漂う出窓エリアをどうにかしたい！　そう思って、プラスしたのが細い角材をつなぎ合わせてつくった格子。窓の上半分に格子を取り付けると一気にモダンさと趣が加わり、見栄えも一変。たちまち居心地のいい場所になりました。

備え付けの棚板の上にはクッションを並べて子どもたちが座れる仕様に。棚のふすまも取り外し、代わりに古材風の板でつくった収納ボックスを設置。キャスターを取り付けたボックスは、移動もしやすく機能的です。

格子もボックスも木のナチュラルの色のままだと浮いてしまったので、ワックスを塗って古材風にリメイク。重厚感のある色合いにすると、和室の落ち着いた雰囲気にもしっくりなじみました。

光を取り込む自作の扉で明るい部屋に

ふすまに囲まれていたリビングは、光が入りにくく暗い印象の空間でした。そこで思い切ってふすまを撤去。代わりに取り付けたのが、木材とポリカーボネートで自作した引き戸です。扉の上部を透明な素材にしたことで部屋に光が入るようになったうえ、ふすまから漂う昭和感も払拭。

扉の色ともマッチするニトリの折り畳みチェアや切り株のテーブルを並べて、北欧風にコーディネートしてみました。

BEFORE

最初は、ふすまがどんと目に飛び込んでくる空間。テーブルやイスとの相性もイマイチでした。

1

2

■1 安価の板２枚を壁の両端に立て、そこに机の天板を設置。脚は手前の２本だけ市販のものを購入し、奥は脚を付けず板に固定しました。
■2 壁に立てた板に、有孔ボードを取り付けました。

デッドスペースに ワークスペースを設置

悪目立ちしていた砂壁も隠したくて、リビングの一角にワークスペースをつくりました。板に市販のアンティーク調の脚を取り付けて机に。机の上には有孔ボードを使った、吊るせる収納エリアもプラス。

BEFORE

砂壁が扱いにくく、ずっと手付かずのスペースでした。以前は、電話機がぽつんと置かれていただけ。

AFTER

収納ボックスは 配線の目隠しとしても活躍

パソコンやルーターなどは、机の下に取り付けたキャスター付きのボックスに収納。気になっていた配線もすっきり隠れました。

AFTER

BEFORE

リビング(P26)同様、古いサッシとふすまが目立つ出窓でしたが、格子をつけるだけで景観が変わりました。

昭和の窓を黒の格子でかっこよく

リビングの奥に位置する子ども部屋は、主に中学生の長男と、小学生の次男が過ごす場所。男子が主役なので、黒をアクセントに、クールでかっこいい空間を意識しました。

ところでこの部屋の窓、格子を取り付けたように見えませんか? じつはこれ、黒のマスキングテープを格子状に貼っただけの超簡単DIY。本当は角材でつくろうと思っていたのですが、雰囲気を確かめるために臨時でマステを貼ってみると意外といい感じに。

(右)窓下に並べた収納ボックスも自作。子どもたちそれぞれに自分専用のボックスがあります。(左)末っ子愛用のままごとセットも、木材で製作しました。

HIMIKU
BLOCKS

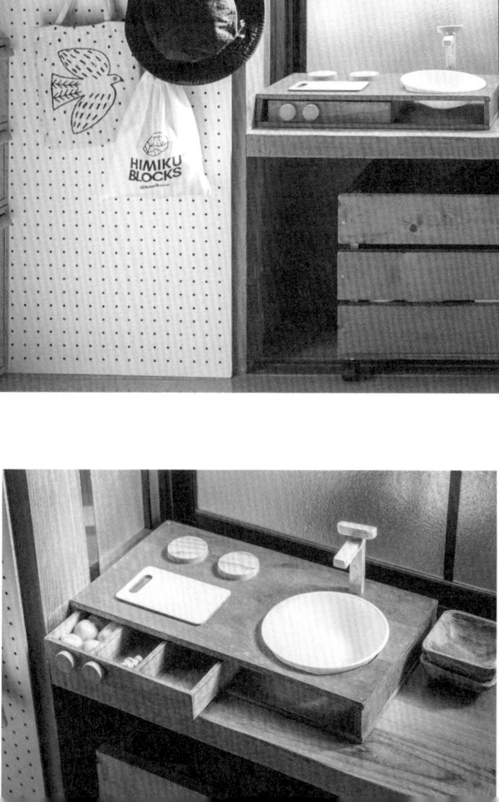

有孔ボードで簡単 DIY。
飾って楽しめる壁面収納に

賃貸なので、壁に直接棚は付けられませんが、こんなふうに有孔ボードを使えば壁面収納を実現できます。フックを適宜取り付けて、帽子やベルトなどの小物を吊るして収納。ディスプレイする楽しさもあって、息子たちもすすんで戻してくれるようになりました。
　じつはここに有孔ボードを設置したのは、砂壁を隠す目的も。色あせやくすみもあった暗い雰囲気の砂壁が白のボードに代わると、部屋の雰囲気もぐっと明るくなりました。

**毎日着る制服は
ハンガーラックへ**

中学生の長男が制服を掛けられるハンガーラックもつくってみました。ボックス部分は、裏側からバッグが入るようになっています。

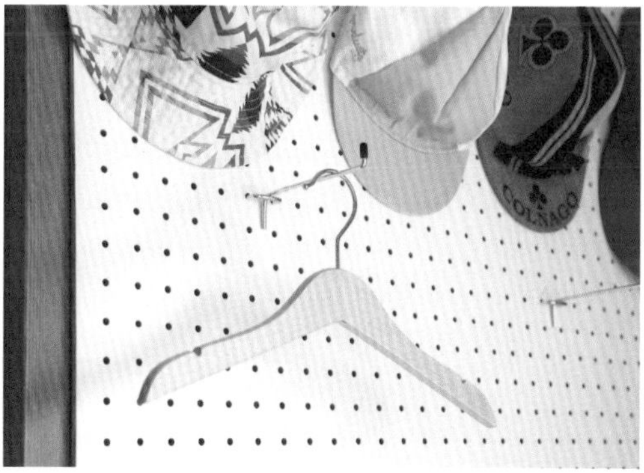

子どもが扱いやすい位置にフックを設置

使い勝手にもこだわりたい場合は、フックは市販の「有孔ボード専用フック」を活用するのがおすすめです。専用ではないフックは、ものを取り外すときに、フックごと外れてしまいました。木材を使ってリメイクした鏡は、子どもの背丈に合う位置に取り付けました。

押入れの奥行きを生かし
衣替えをラクに！

AFTER

奥行きのある押入れは、よく使うものを手前に。使用頻度が低いものを奥に収納すると使いやすいです。

この部屋の押入れは、主に私と娘の服の収納エリア。もともと付いていた扉を外して、オープン収納にしました。ここのポイントは、向かって右側のカラーボックスです。まず、3段のカラーボックス2つを押入れの奥に横並びに設置。さらに、その手前に背板を外したボックス2つをセットします。奥のボックスにはオフシーズンの服を、手前はオンシーズンの服を収納。衣替えは、奥と手前の服を入れ替えるだけで終了です！

BEFORE

大きい扉だけに部屋に与える印象も大。この扉があると部屋の中がなんとなく重苦しい印象でした。

(左)自作したハンガーラックは、押入れの奥行きを生かし縦に収納。キャスターを付けているので、服の出し入れをするときはコロコロと手前に引き出します。(右)ベルトなどの小物を収納しているケースは、100円ショップで買ったものです。

JAPANESE-STYLE ROOM

ふすまを外し、広々と。
ゆったりした空気が漂う和室は
憩いのエリア

AFTER

BEFORE

扱いにくい床の間も、置いたり飾ったりするものを選び、好みの空間にしました。

ヒンメリや
古道具を置き
心地のいい空間に

(上)和室に置いたお気に入りの家具の一つは、友人にいただいた建具を扉にしたキャビネット。内側はキッチンの食器棚(P22)のリメイクでも使ったマスキングテープを貼り、華やかな雰囲気にアレンジしました。(下)和室では自作のアイロン台を、飾り台として活用。花を飾ったり、お香を置いたりしています。アイロン台のつくり方はP100で紹介。

手前の大きなヒンメリは、作家さんのワークショップに参加してつくったもの。奥は、私の自作です。

これは、宮崎で活動するヒンメリ作家さんの作品。

二間続きだった和室はふすまを外し、子どもたちがのびのび過ごせる広い空間にしました。自作した家具を置いてみたり、いただきものの桐だんすや、祖母から引き継いだ小引き出しを置いたり、ドライフラワーを飾ったり……。そのときどきで置くものや装飾を変えながら、空間づくりを楽しんでいます。

そんななかでも、私のいちばんのお気に入りはヒンメリです。ヒンメリは北欧生まれのモビールですが、和室のゆったりした雰囲気にもぴったり。ゆらゆらと静かに揺れる様子はとても幻想的で、眺めていると心も落ち着きます。

和室は「和のものしか合わない」とも思われがちですが、和室こそ異国情緒ある小物もすんなり受け入れてくれる気がしています。

和室は、夜になると家族の寝室になるため、ふとんをまとめて押入れに収納しています。この押入れも、最初はもちろんふすまで、圧迫感も否めませんでした。そこで、ふすまを外して布のカーテンにチェンジ。すると空間全体が軽やかになりました。

長押《なげし》（和室の壁面をぐるりと囲むように付けられた木の板）も和室ならでは。ここの溝を利用して、手づくりしたライトやドライフラワーなどの装飾も楽しんでいます。

BEFORE

ふすまだらけだった和室。存在感があるふすまがいくつも並ぶと、それだけで窮屈な印象でした。

AFTER

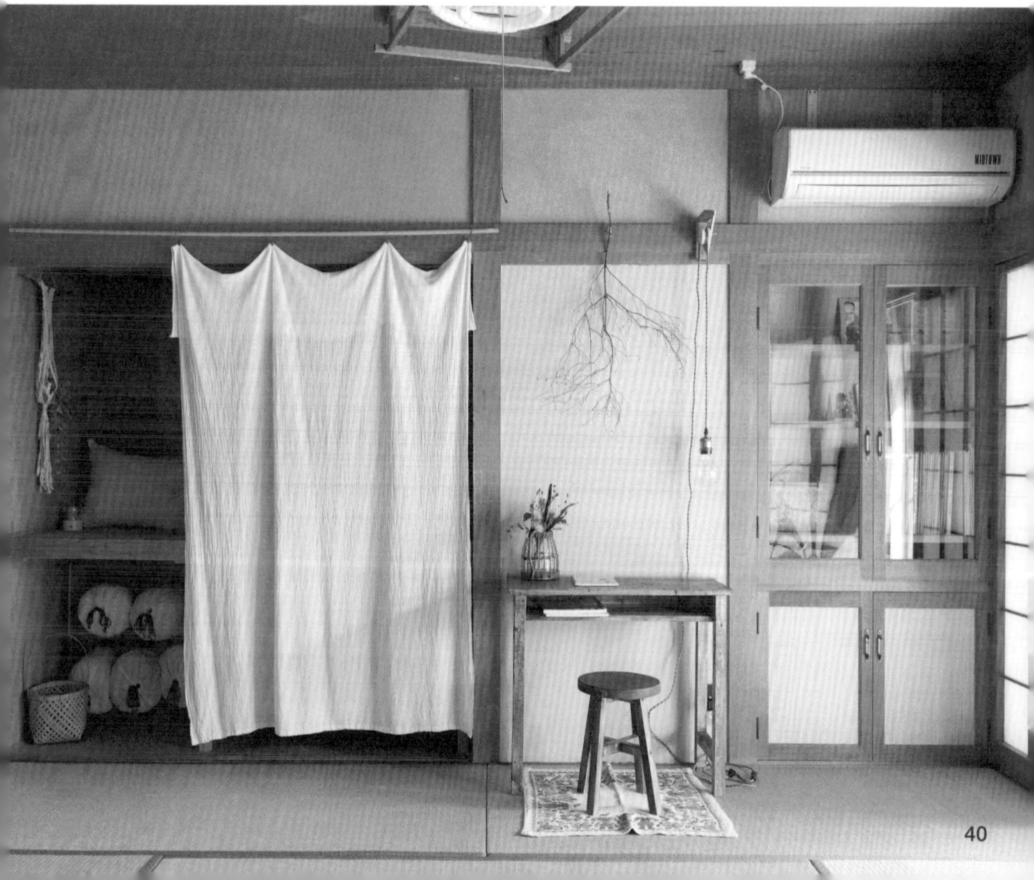

古材風の風合いが和室にはしっくり

木材で手づくりした机と、スツール。ワックスで塗装して古材風の風合いに仕上げました。机はP96でつくり方を紹介。

INNER BALCONY

AFTER

BEFORE

縁側の端には、収納力のある棚が備え付けてありました。扉などはなく、オープン収納でした。

我が家には広い縁側があるのですが、例えていうなら、「まるで、こたつに入っているみたい」。そのくらい日当たりがよく、暖かい場所。そのときどきで必要な家具やグッズを持ち込んで、お茶をしたり、宿題をしたり、ＤＩＹしたり。さまざまな用途で活用しています。カーテンを取り付けたところは収納棚になっていますが、もともと扉がなく中が丸見え。目隠しのために布カーテンをプラスしたところ、空間もすっきりしました。

次男がまだ小さいときにつくったテーブルとイス。いまは４歳の娘が使うのに、ちょうどいい。

味わいある
手づくり家具が
空間のアクセント

ズラリと漫画本が並ぶ収納エリアはカーテンで目隠ししました。鉢を入れた木製ボックスや窓際に置いた机やイスも自作です。

WASHROOM

AFTER

BEFORE

入居時

備え付けの洗面台収納は、ポケットにほこりや汚れがたまりやすく掃除も大変。取り外せないと思われがちですが、我が家の場合は4隅に付いていたネジを外すだけで簡単に外れました。

DIY
第一弾

この家に引っ越してきて最初にDIYをしたのが洗面所です。この場所を見たときに、「こんな空間にしたい」というのがパッと浮かんだので、最初に取りかかりました。

まずやりたかったのは、備え付けの洗面台の上部（鏡や収納部分）を取り外すこと。これを外すだけでも、雰囲気がガラリ。代わりにラタンミラーを取り付けたり、タイルシールを貼ったりすると、一気に雰囲気がアップし、自分好みの空間に生まれ変わりました！

備え付けの洗面収納を外し
自分好みにアレンジ

ラタンミラー

花びらのような愛らしいデザインがお気に入り。これ一つで、空間が華やぎます。

タイルシール

本物のタイルではなく、アンティーク風のタイルシールなので、貼るのもはがすのも簡単。

ガーゼホルダー

小さなガーゼを1枚ずつ取り出せるストッカー。100円の木箱と板でつくりました。

歯ブラシホルダー

歯ブラシが丸見えになるのが気になり、目隠しにもなる扉付きの歯ブラシホルダーを製作。

手づくりアイテムで見た目も使い勝手も向上

(左)デッドスペースになっていた棚と棚の間にちょうどいいワゴンをつくりました。キャスターを付けて、引き出せる仕様に。(上)棚の中の小物の収納には100円グッズをリメイクしたボックスが活躍。

我が家の洗面所は、DIYを施した部分が満載です。洗面台の下には扉付きの収納がありましたが、扉を外しオープン収納に。木材でアレンジをして、隣に置いた木の棚と雰囲気を統一しました。

ほかにも、歯ブラシホルダーやガーゼホルダーなど、手づくりアイテムを活用。DIYをすることで見た目や雰囲気はもちろんですが、使い勝手や、片付け、掃除のしやすさも格段に向上しました！

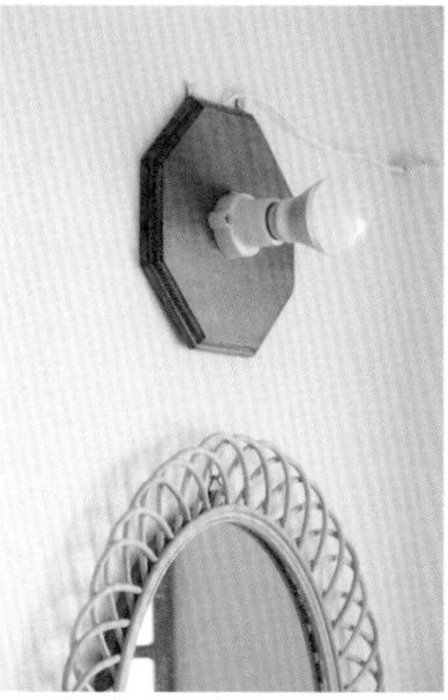

鏡の上に取り付けたライトも自作。とはいえ、市販の八角形の板に電球をはめ込んだだけの簡単DIYです。

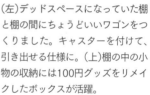

CHAPTER2

古い家を快適にする工夫

寒い、湿気、砂壁、暗い…。
暮らしてみると、古民家特有の、暮らしにくさもあ
そんなお悩みもゆるDIYで解決。
ひと工夫で、驚くほど快適に！

蝶番を使えば
観音開きも簡単！

換気のために頻繁に開け閉めする台所の二重窓は、少しでも開閉しやすいように観音開きに。窓ぴったりにはめ込んだ木枠に蝶番で留めています。

古民家の寒さは
二重窓で乗り越える

古民家に引っ越してきて、まず最初に感じたのは冬が「寒い！」ということ。ですが、電気代も灯油台も値上がりする昨今、暖房機器ばかりに頼れません。そこで、取り入れたのがお手製の二重窓。洗面所、キッチン、リビング……。着々と二重窓化を進めてきましたが、その効果は絶大。細い角材とポリカーボネートやプラダンでつくった二重窓は、冷気を遮りつつ、暖房の効きも格段に上げてくれる優れものです。

**簡易レールで
スライド仕様に**

既製品のガラス戸レールを窓に合うサイズにカットして設置。窓をスライドできる仕様に。

ゆるDIYでつくれる簡単二重窓

二重窓のつくり方は簡単！ ここでは、我が家の洗面所に取り付けた、はめ込むだけの簡単二重窓のつくり方をご紹介します。材料は、角材７本（縦４本、横３本）とプラダンだけ！

1 取り付ける窓枠のサイズに合わせてカットした角材６本を、写真のように組み合わせビスで留めます。

2 縦の中央に残り１本の角材を取り付けます。これがあると見た目がよくなるうえ、プラダンもしっかり固定できます。

3 角材同士が重なるところをビスで留めれば、木枠が完成。それぞれに角材は事前にワックスを塗り古材風にしました。

4 木枠のサイズに切ったプラダンをタッカーで固定。タッカーは、ホチキスのような工具で、薄い板や布の取り付けに便利。

はめ込むだけだから取り付けも簡単

窓枠にはめ込むだけで、即二重窓に！　プラダンやポリカーボネートは、薄いプラスチックながらもガラスより断熱効果が優秀！　そのうえ値段も格段に手頃です。

湿気がたまる押入れは
すのこで風通しをよくする

底上げすれば、掃除もラクに！

角材を枠型に組み、約10㎝の脚をプラス。その上にすのこを乗せられる仕様にしました。すのこの下にたまるほこりをさっと取り除けます。

奥行きがある押入れは、空気の循環が悪く湿気のたまり場。対策をしないとカビが生えてしまいます。そこでまず、ふすまを外し布カーテンにチェンジ。これだけでもかなり風通しがよくなり、湿気が軽減しました。加えてすのこも必須。ふとんの下に敷くことで、空気が通りやすくなりますが、我が家の場合、すのこを乗せる10㎝程度の台も木材でつくり、高さを出しました。すのこと床に隙間をつくることで風通しがさらによくなることはもちろん、フローリングワイパーやお掃除ロボットも入るので掃除もラクに！

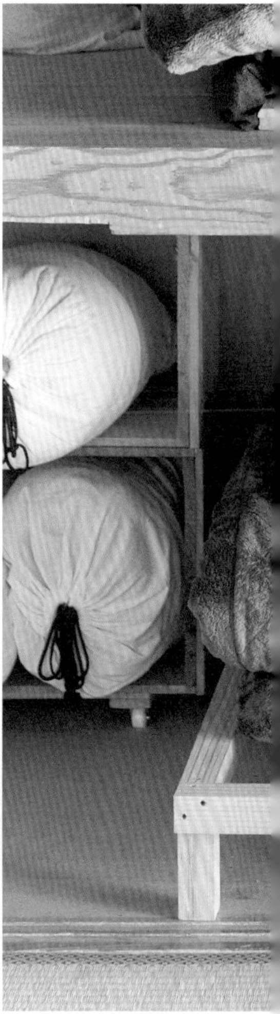

暗さ、圧迫感対策

ふすまを外し、お手製のドアに。小窓をつくり光を取り入れる

リビングの戸は雰囲気ある折れ窓に

リビングの引き戸は蝶番を使い、折れ窓仕様に。インテリアのアクセントになるうえ、窓を開ければさらに開放的になります！

ざっと数えても25枚。入居当時の我が家はどこもかしこも、ふすまだらけでした。ふすまがあると光が遮られて空間が暗くなってしまううえ圧迫感も……。だったら外してしまえばいい！　と思ったのですが、仕切りがないと冷房や暖房の効きが半減。もちろん冬は寒さに拍車をかけてしまいます。そこで、思い付いたのが窓付きの引き戸。上部半分を窓にした戸をつくり、ふすまの代わりに設置すると、どんより暗かった空間が開放的に！

戸を開けなくても子どもの様子がわかる

リビングと子ども部屋の間には、以前の家でも使っていた引き戸が活用できました。明るくなったことはもちろんですが、リビングにいても子どもたちの様子がわかるようになったこともメリット。

BEFORE

リビングと子ども部屋の間も、もとはふすまでした。光が届かず、日中でも暗いリビングに。

AFTER

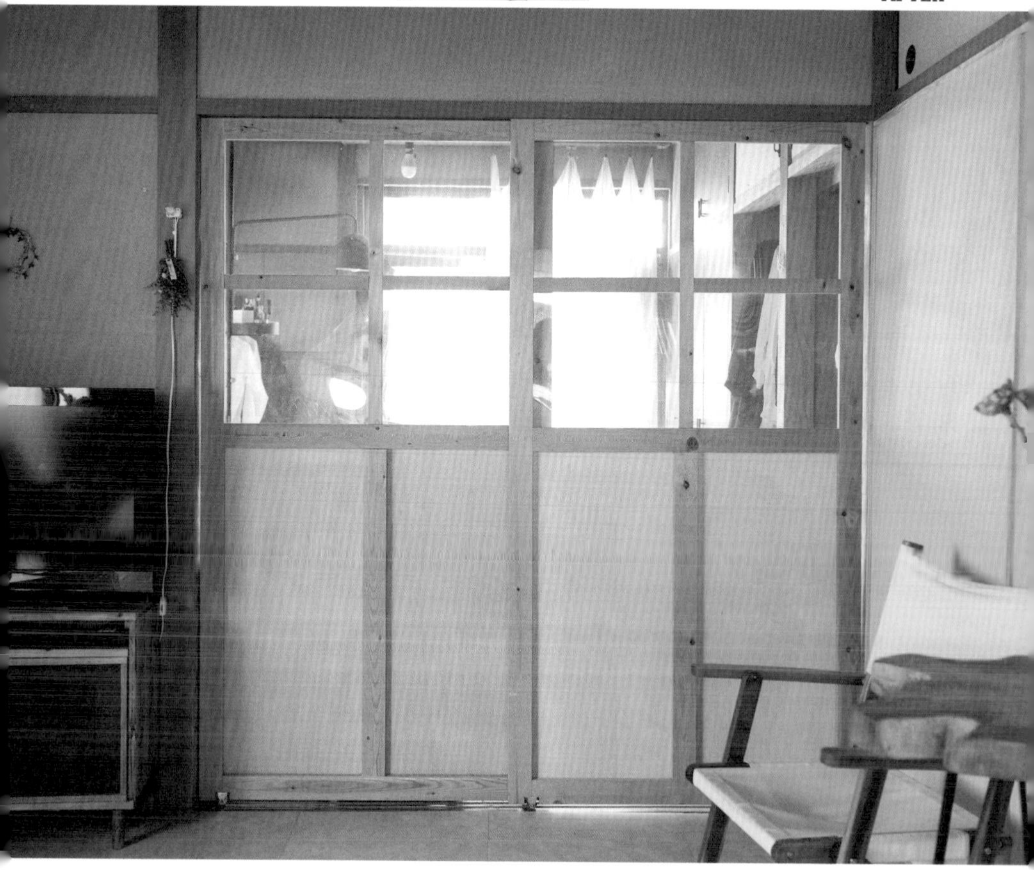

BEFORE

重苦しい雰囲気を醸し出していた、リビングのふすま。ふすまを開ければ空調が効かず、閉めれば暗い部屋に。

設置は、ふすまの溝にはめ込むだけ！

戸の下半分はベニヤ板が材料。ふすまのサイズに合わせてつくった木枠に、カットしたベニヤ板を固定しました。ふすまの溝にはめ込めばOKなので設置も簡単。

AFTER

BEFORE

引っ越してきた当初はごくふつうの白い戸でしたが、一度壁紙でリメイク。その後、取り外して現状に。

空間に似合う
アンティーク風の扉に

ダイニングと廊下の間は開き戸でしたが、どうも使い勝手が悪く自作の折り戸にチェンジ。ワックスを塗装し、アンティーク風に仕上げた点もポイントです。

布カーテンでふすまの圧迫感を解消

各部屋の戸だけでなく、押入れもふすまだった我が家。P54でお伝えしたように、ふすまの押入れは通気性が悪く、湿気がたまってしまいます。加えて、どことなく暗い雰囲気や圧迫感もありました。そんなふすまを取り外し、布のカーテンにすると圧迫感はたちまち解消！　風が吹くたびにふわっと布カーテンがゆれる。そんな光景にも癒やされます。

カーテンを取り付けるといっても決して大がかりではありません。布と丸棒、フックがあればOK。賃貸でも簡単に設置できます。

**丸棒とフックで
カーテンレールが
完成**

以前は長押《なげし》にフックを直接引っ掛けていたのですが、スライドできるよう、丸棒に掛ける仕様に変更しました。

長押を活用すれば、丸棒の取り付けは簡単。両端にS字フックを掛け丸棒を乗せるだけ。カーテンフックを引っ掛けます。

長押のような深い溝がない場所は100円ショップでも購入できる「鴨居《かもい》フック」を使うと便利。ドア枠などに取り付けられます。

掃き出し窓には、100円ショップで購入した吸着フィルムタイプのフックを活用。リング部分に丸棒を通せば、簡単にレールに！

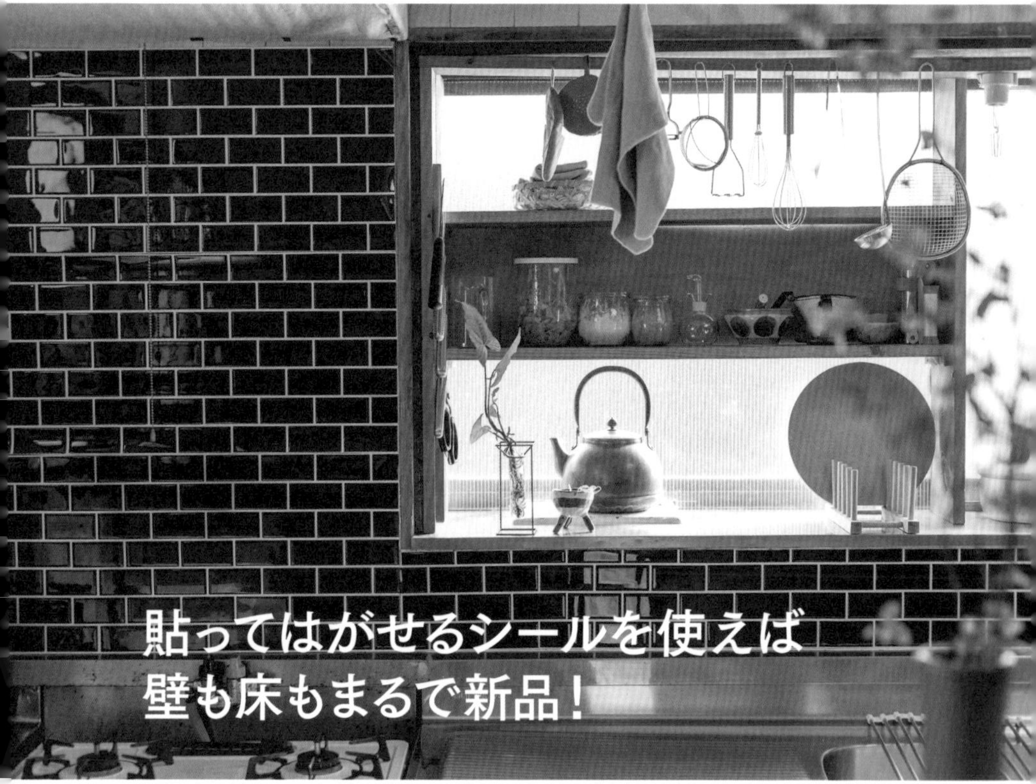

貼ってはがせるシールを使えば
壁も床もまるで新品！

シミ、黄ばみ、色あせ……。築40年ともなれば、あちこちに経年劣化が見られます。しかしながら賃貸なのでリフォームはできないし、そこまでお金もかけられない……。「あきらめるしかない」と思ったこの悩みを解決してくれたのが、貼ってはがせるタイルシールやフロアシート。劣化部分を覆い隠せるからまるで新品のようになるうえに、自分好みの色柄にできる！　原状回復も簡単だから、賃貸でも気兼ねなくリメイクできます。

BEFORE

築40年の歴史が刻まれた、シンクやガスコンロまわりのタイル。染みついた黄ばみや目地の汚れは洗剤で磨いても落ちません。

HOW TO

マスキングテープを貼れば原状回復がラクに！

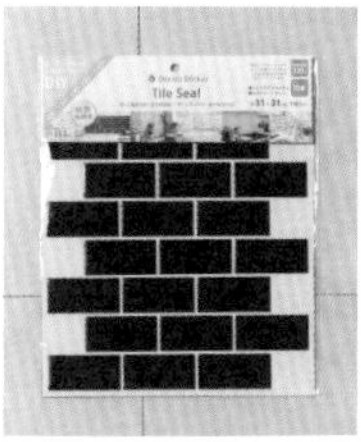

使ったのは「ドリームステッカー サブウェイタイルシール」。耐熱・耐水なので、コンロやシンクまわりでも使用可能です。

1 最初に、幅広のマスキングテープを貼っておくと、はがすときがラクに！ 粘着力のあるタイルシールがきれいにはがせます。
2 貼る場所に合わせてタイルシールをハサミでカットし、マスキングテープの上から貼っていきます。

まるで新品のようにピカピカのタイルの壁面に！　シールなので、はがすときも簡単です。

壁や床もゆるDIYで生まれ変わる！

HOW TO

シートを並べていけばOK！

使ったのは、ドリームステッカーのフロアタイル。専用のはがせる両面テープを使い、50㎝×50㎝×厚さ２㎜のシートを並べるように貼っていきます。

BEFORE

木目調のクッションフロアが敷いてありましたが滑りが悪いビニール素材で、イスを引こうとしても引っ掛かってしまいました。

モルタル風の床に早変わり！ さらっとして感触も◎。イスも引っ掛かることなくすっーと動かせます。はがすときも簡単。下地にした両面テープもきれいにはがせます。

BEFORE

古い家に多い砂壁。触るとポロポロと砂が落ちてきて悩みの種でした。

古い砂壁は
手づくり壁で隠して解決

もともとは砂壁だったリビングの壁。白く塗ったベニヤ板を取り付けて、古びた砂壁をすっきり隠しました。

ベニヤ板のまわりに取り付けた角材部分をタッカーで柱に固定。タッカーの針を外せば原状回復できます。

シール壁紙なら
のりいらずで簡単

砂壁でなければ、「はがせるシール壁紙」が使えます。これは壁紙屋本舗で購入。色柄も豊富です！

CHAPTER3

いまの家に合うものをつくる

我が家にはたくさんの手づくりアイテムがありますが、
どれもシンプルな工程で簡単！
ここでは、10アイテムのつくり方をご紹介します。

DIYを覚えてからは「必要なものは、つくる」という考えに

初めて家具をDIYしたのは約9年前。テレビ台をつくりました。ドライバーも持っていなかった超初心者の私が、見よう見まねでつくったら、意外と簡単に形になったのです。それまで「自分にはできない」と思っていたDIY。自分にも「できる」ことがわかるとどんどんハマっていき、必要なアイテムは、手づくりするようになりました。

　DIYを覚える以前は「買う」という考えが基本。だけれども、思い通りに出費できるわけではないので、必要でもあきらめることは多くありました。DIYを覚えたいまは、「必要だったらつくればいい」、そんな考えに。

　いまでは子どもたちも手伝ってくれています。子どもたちにもつくることの楽しさや意味を伝えていきたいと思っています。

OLD WOOD

切って、合わせて、つなげるだけ。やってみると簡単！

よく、「ＤＩＹできて、すごいね。私にはできない」などと言っていただくことがあります。そんな言葉を聞いて思うのは、「私ができることは誰でもできる」ということです。

というのも、私がつくっているのはどれも、簡単にできるものばかりだから。もっと技術があれば、複雑で高機能なものができるかもしれません。でも私には、そんな技術も時間もない……。だから、Ｐ80から紹介していくアイテムも簡単なもの。基本的には、「切って、合わせて、つなげる」、その応用です。

かつての私がそうだったように、「できない」と思うのは、きっとやったことがないから。やってみると「意外と簡単にできた」と感じると思うので、まずは一つ、試しに挑戦してみてください！

ANTI
VIRUS

初心者も簡単にできる！

さしゃ流 ゆるDIYの基本

資材と道具があれば、
DIY はすぐにスタートできます。
そこでまずは、初心者におすすめの
資材や道具、作業のコツなどを
ご紹介します。

資材　つくるものが決まったら、まずは木材を調達。初心者でも加工しやすい、SPF材がおすすめ！

SPF材を使えば加工は最小限。初心者でも簡単！

ホームセンターに行くと多種多様の木材がズラリ。「一体、どれを買えばいいの？」と迷ってしまいますよね。そこでおすすめしたいのが、「SPF材」という木材です。

木材の中には重かったり硬かったりして、上級者でないと扱いが難しいものもありますが、SPF材は軽いうえにやわらかいので、初心者でも扱いが簡単。また、厚みと幅のサイズが規格化されていることも特徴です。規格化されたサイズを生かせば、設計もラク。板の長さだけを調整すればいいので、材料の加工も最小限です。P80からつくり方を紹介するアイテムの多くも、SPF材の規格を生かした設計になっています。

SPF材のメリット

1.手頃なうえに手に入りやすい

木材を取り扱っているホームセンターであれば、基本的に販売しているので入手が簡単。値段もお手頃なので失敗も怖くありません。

2.軽いうえにやわらかい

軽量なうえにやわらかい材質なので、切ったり穴をあけたりする加工も簡単。ただし、やわらかいぶん、傷が付きやすいという一面も。

3.サイズが規格化されている

SPF材は、厚み、幅が規格化されています(P74参照)。規格化されたサイズを生かすことで、設計しやすくなります。

4.表面を研磨する手間が不要

木材のカット面はザラザラしているためやすりをかけることが必要ですが、SPF材はすでに研磨されているので、すぐに加工できます。

よく使うSPF材には2種類の厚みがある

【ツーバイ材】　厚みは38㎜

幅は各種あり(P74参照)、厚みは共通で38㎜。厚みがあってしっかりしているので、机やイスの脚をつくるときにも便利。

【ワンバイ材】　厚みは19㎜

ツーバイ材同様、幅は各種あり(P74参照)、厚みは共通で19㎜。薄い板なので、棚板、背板、天板など幅広い用途で活用できます。

SPF材を選ぶときのポイント

1.
反りや割れがないものを選ぶ

できるだけ、反れていないまっすぐな木材を選びましょう。目視でわかりにくいときは、床など平らな場所に置いてみましょう。反っている板は端が浮いてしまいます。

2.
大きな節がないものを選ぶ

大きな節があると、節の部分が抜けて穴があいてしまうことも。また、SPF材はやわらかいため、へこんだり、傷が付いていたりする場合もあります。できるだけきれいな板を選ぶのが◎。

3.
樹液が出ていないものを選ぶ

樹液(ヤニ)が出ている板は見た目が悪いだけでなく、ベタついたり、カビの原因にもなります。また、のこぎりで切ったり、ワックスなどで塗装するときも邪魔になります。

よく使うSPF材の規格サイズ

下記の規格サイズ（厚み×幅）を、知っておくと便利です。
ワンバイ材は「１×○」、ツーバイ材は「２×○」という形で表記されます。

【ワンバイ材】 厚さはすべて19㎜

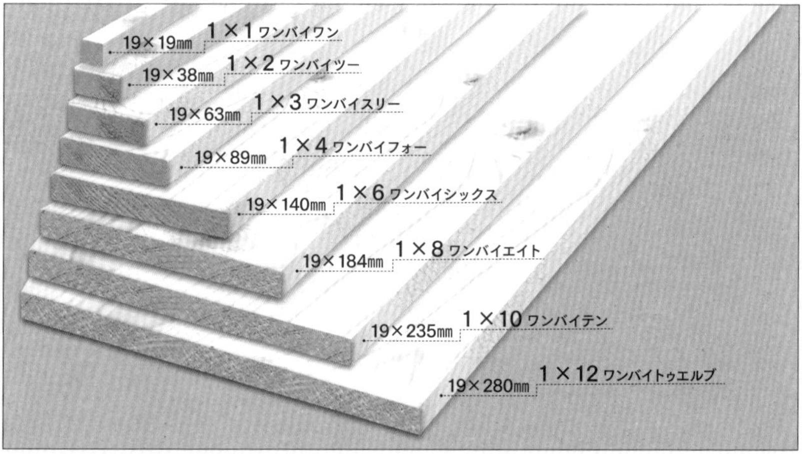

【ツーバイ材】 厚さはすべて38㎜

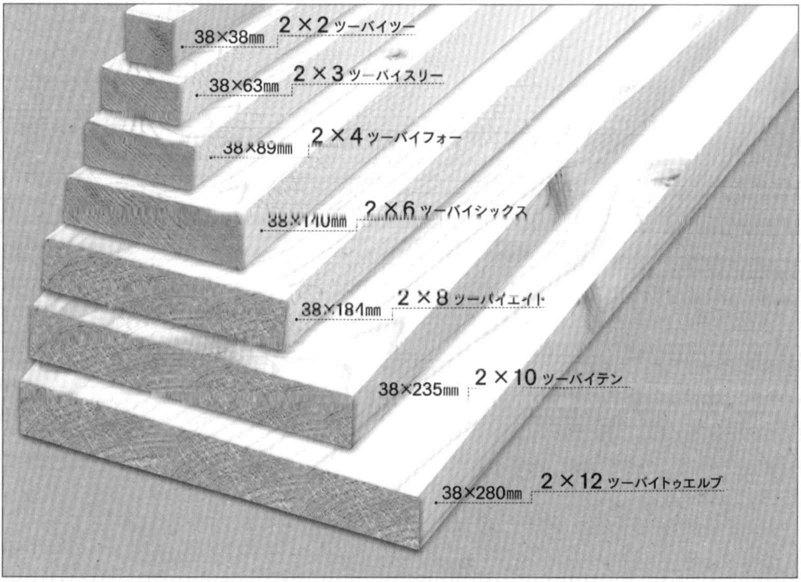

ホームセンターで必要な長さにカットしてもらうこともできます

多くのホームセンターでは、木材のカットサービスがあります。カットしてもらえばさらに手間が省けるうえ、持ち帰りもラク。1カット30〜50円程度が相場のようです。

SPF材の長さ

SPF材の長さはフィートで表されて、一般的には下記の長さが販売されています。1フィートは約304.8㎜です。

呼び方	長さ（㎜）
3フィート	910
6フィート	1820
8フィート	2438
10フィート	3050
12フィート	3650

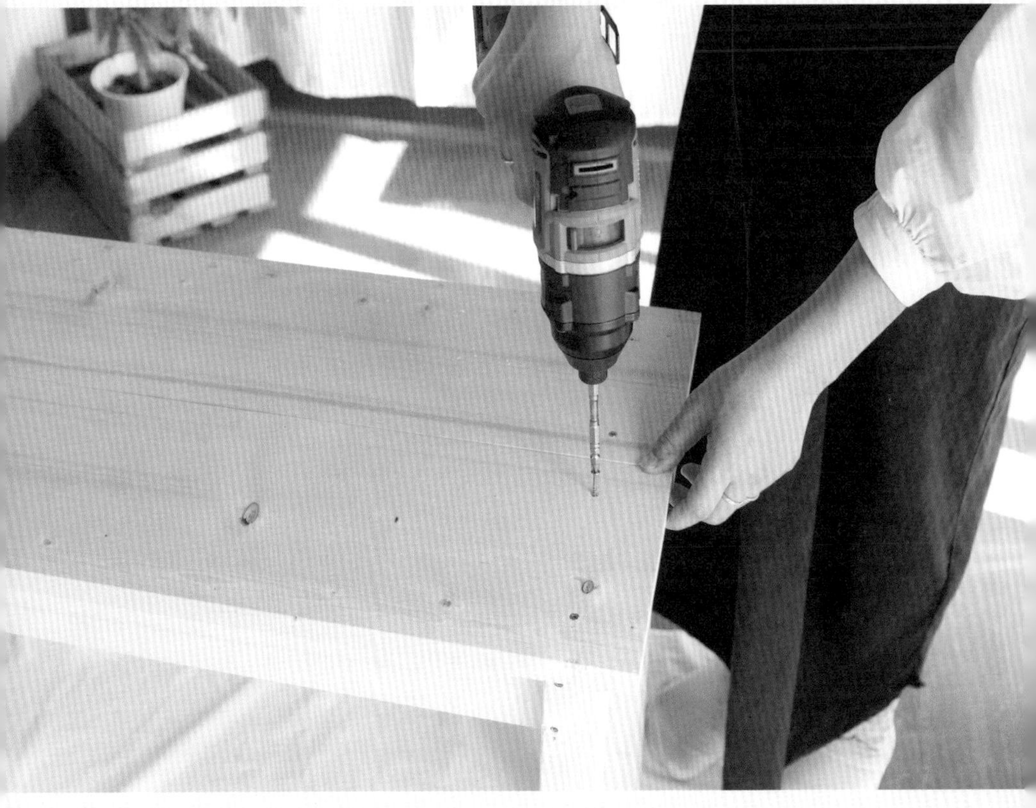

道具

切ったり、留めたりするための道具が必要です。電動工具があれば、さらに作業はスムーズに。

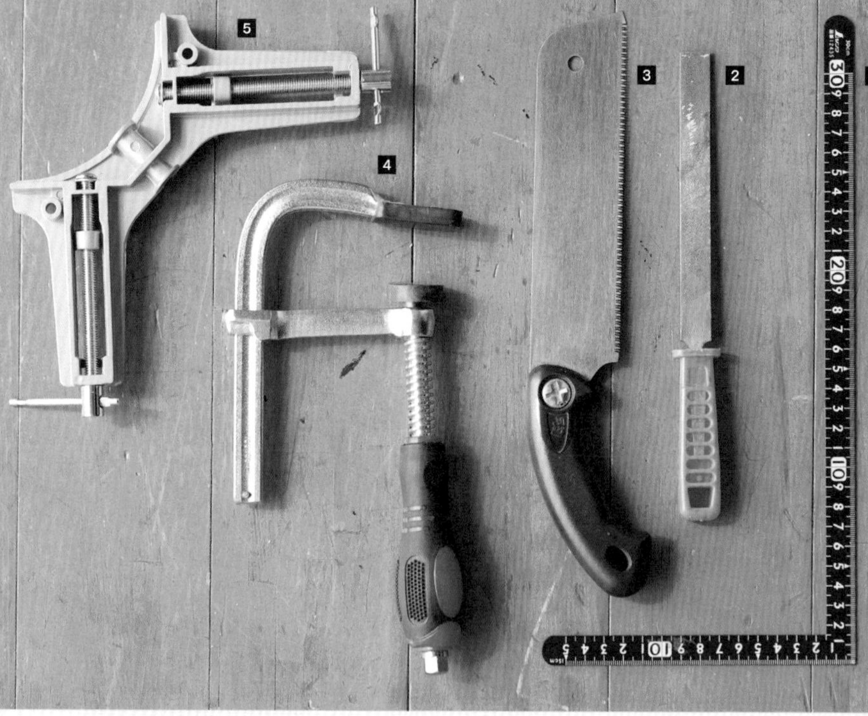

4 クランプ

作業台に板を固定する道具。板がグラつかないので、格段に作業がしやすくなります。特に、一人で作業する際は不可欠！

5 コーナークランプ

直角に交わる板を、固定する道具。誰かに板を押さえてもらう必要がないので、これがあれば一人でも作業ができます。

1 さしがね

表と裏、両方面に目盛の付いたL字型定規。ものの長さを測ったり、直線を引いたりすることはもちろん、直角を測るときも活躍。

2 やすり

のこぎりで切ったあとの切り口を、なめらかにするときに使います。紙のタイプのやすりでもOK。100円ショップでも手に入ります。

3 のこぎり

木材をカットするときに使います。SPF材はやわらかくカットしやすいので、小型なものでOKです。

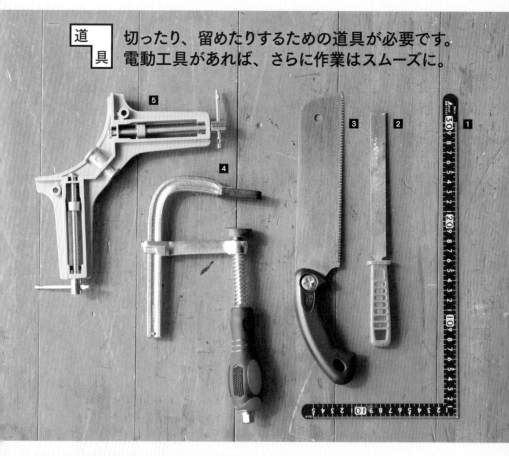

6 インパクトドライバー（電動工具）

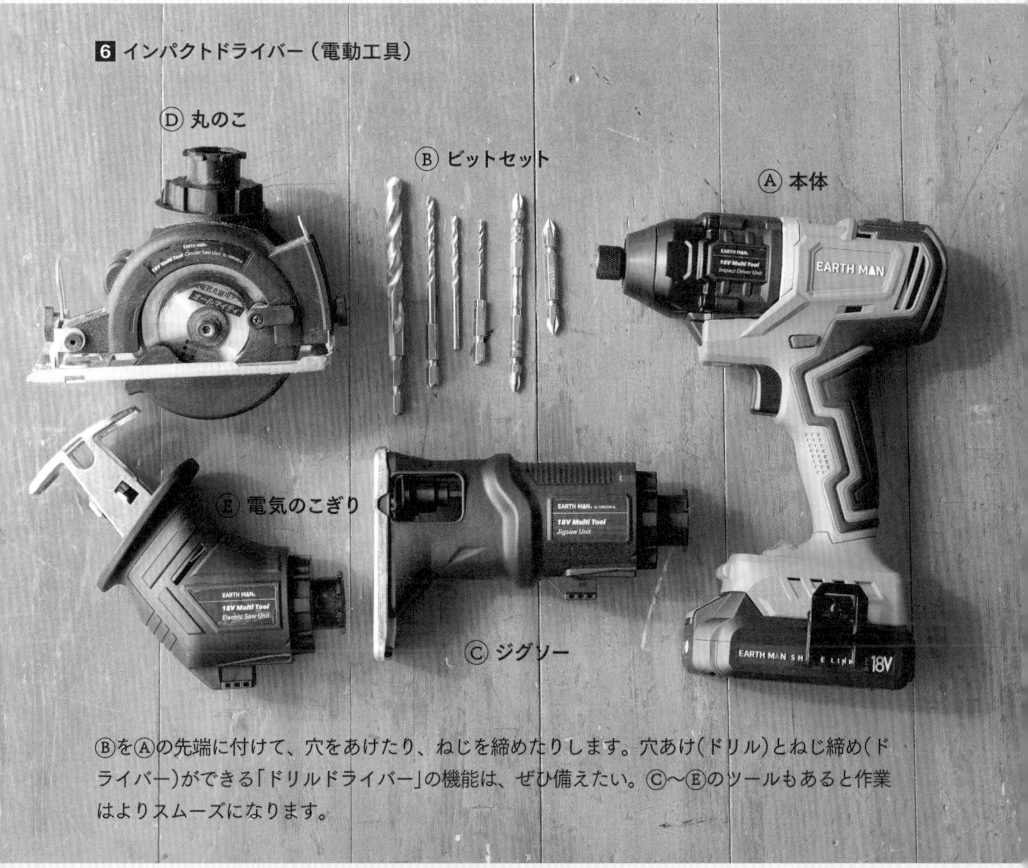

Ⓑを Ⓐの先端に付けて、穴をあけたり、ねじを締めたりします。穴あけ（ドリル）とねじ締め（ドライバー）ができる「ドリルドライバー」の機能は、ぜひ備えたい。Ⓒ〜Ⓔのツールもあると作業はよりスムーズになります。

8 ねじ

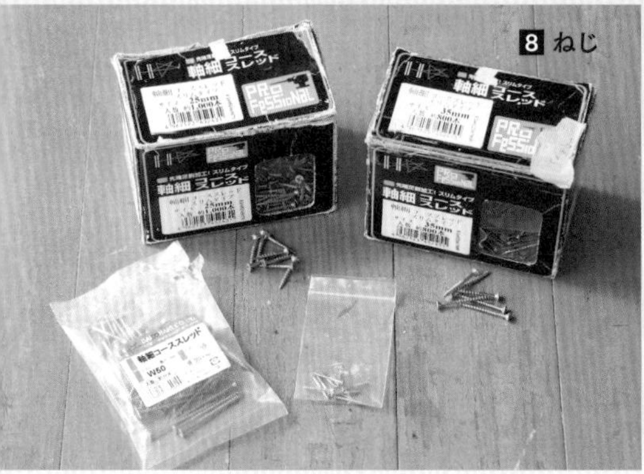

木材どうしをつなぎ留めるために不可欠。くぎよりも、ねじのほうがしっかり固定ができるのでおすすめ。電動ドライバーを使えば、締めるのも、抜くのも簡単。

7 塗装用ワックス

木製の作品を着色する際に使用。木目を生かし、使い込まれたような古材風の着色ができます。塗るための布切れやスポンジなども用意を。

作
業のコ
ツ

下準備、作業中や仕上げのひと手間こそが、失敗しない＆クオリティアップのコツです。

ねじを打つ箇所に印を付けておく

薄い板と板の接する面は小さいので、目測でねじを打つと板から外れてしまったり、ズレてしまうことも。ねじを打つ場所、カットする場所などは寸法を測って、事前に印を付けておきましょう。

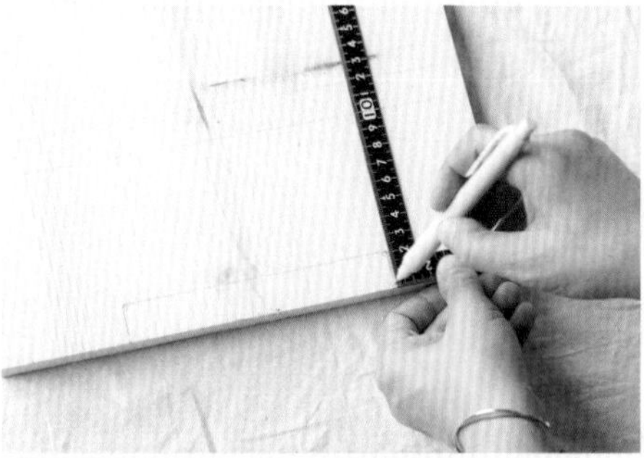

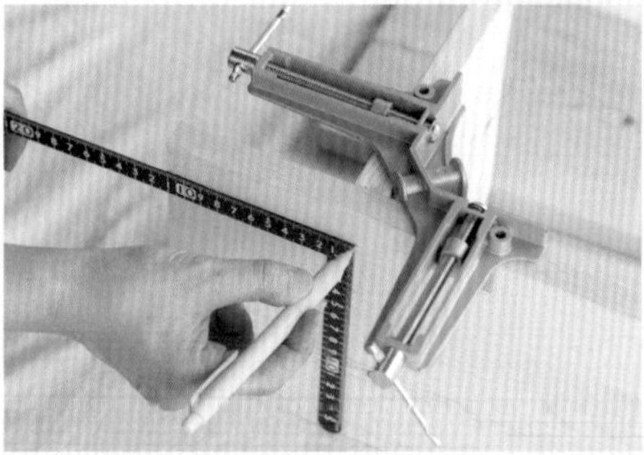

コーナークランプを使う

P80以降の行程の中で数多く登場するのが、垂直に板を取り付ける作業。この際、コーナークランプでしっかり固定をしましょう。ひと手間かかりますが、コーナークランプを使えば、ねじ打ちの失敗も格段に減ります。

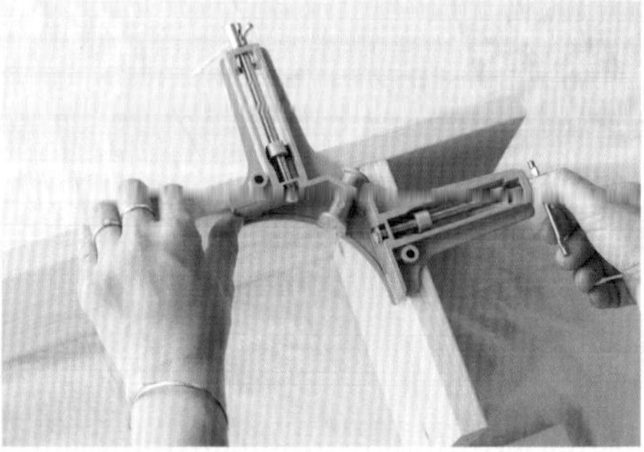

下穴をあけてからねじ留めする

多くの場合、ねじを使いつなぎ合わせをしていきますが、ねじを差す前に必ずしてほしいのが、「下穴」をあける作業。いきなりねじを差すと、板が割れてしまうことも。下穴をあけてからネジを打つことで、失敗知らずに。

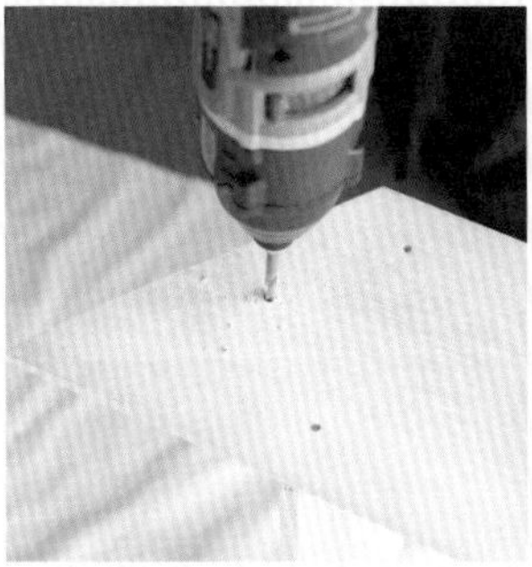

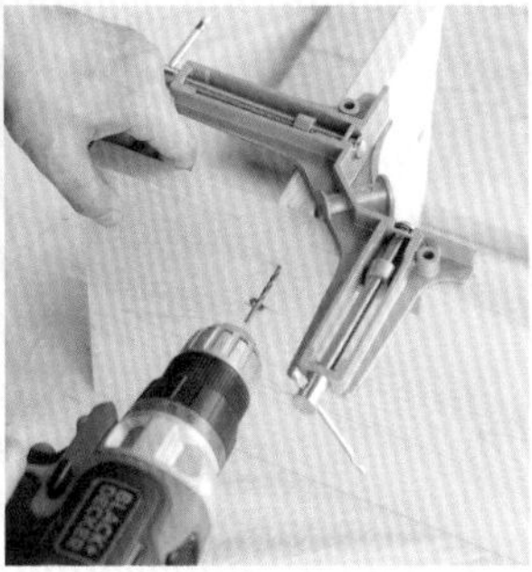

塗装用ワックスでペイントする

仕上げに塗装用のワックスを塗ると味わいが増し、空間にもなじみやすくなるのでおすすめです。ワックスは布切れなどを使いのばしていきます。細部は柄のついたスポンジが便利。木のナチュラルな色を生かしたい場合はそのままでもOKです。

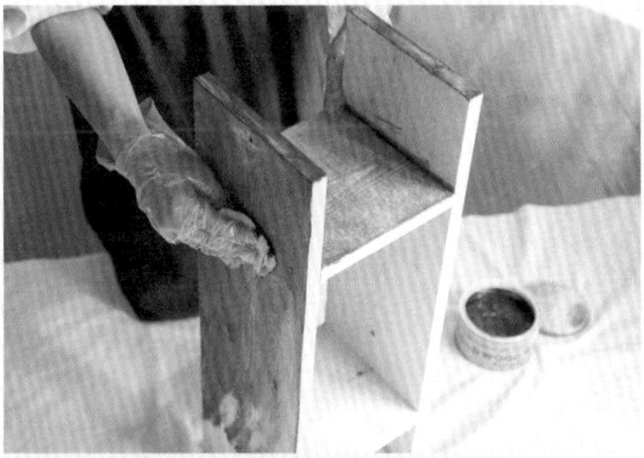

使用済みの布は十分に水に湿らせてから処分を！

ワックスに使った布類やスポンジは、乾く過程で自然発火する恐れがあるため、十分に水に浸してから処分してください。塗装中も火気を近づけないように注意。

ITEM 1

プランタースタンド

６フィート(1820㎜)の＜SPF材１×８＞が１本あれば、すべての材料が切り出せます。側板に2つの棚を取り付けるだけの超簡単DIYだから、初心者でも失敗知らず。玄関などに置いても場所をとらないスリムな形状です。

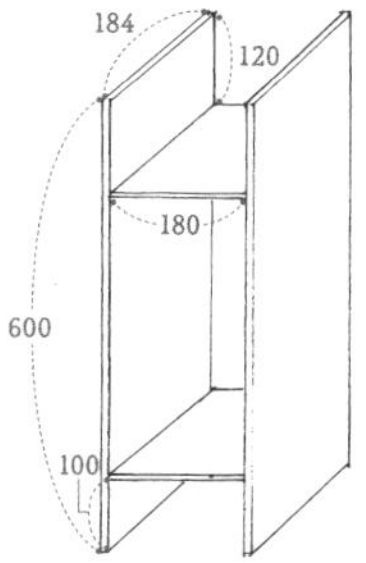

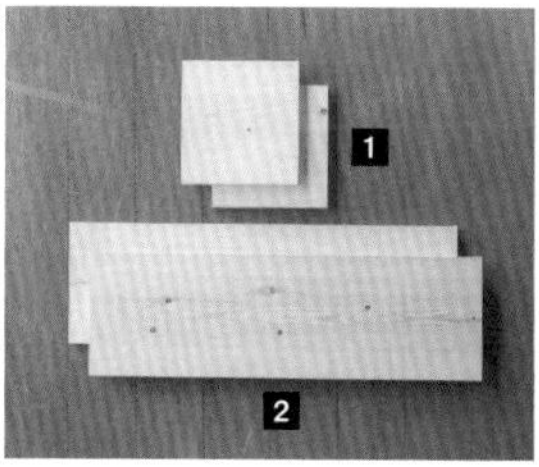

材料

1 SPF 1 × 8（長さ180㎜）
…2枚[中板]

2 SPF 1 × 8（長さ600㎜）
…2枚[側板]

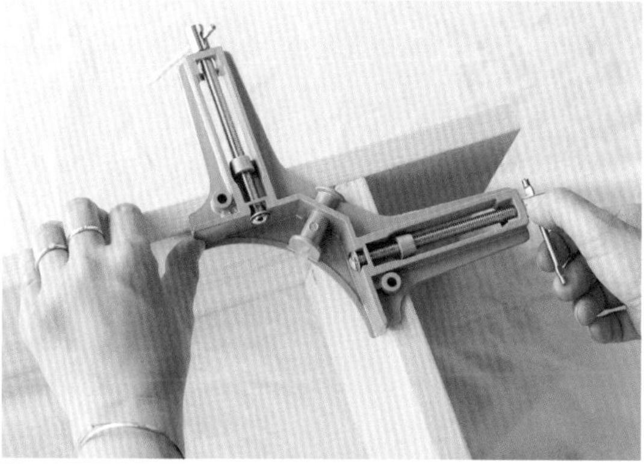

1

2の側板の端から100㎜の位置に、1の中板をコーナークランプで直角に固定。

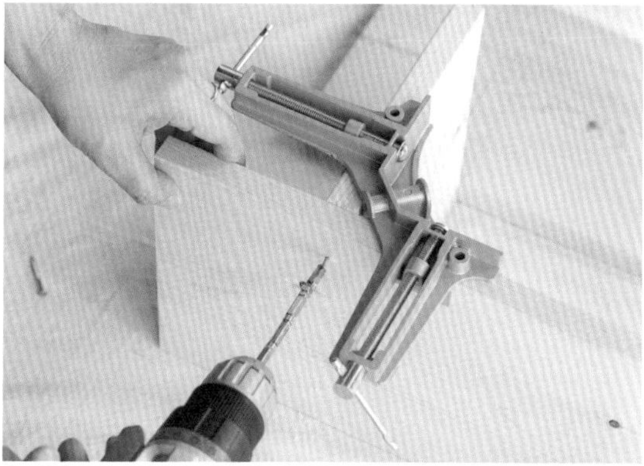

2

側板の外側から中板の両端をねじで留める。反対側の側板も取り付け、同様にねじ留めし下段の中板を付ける。

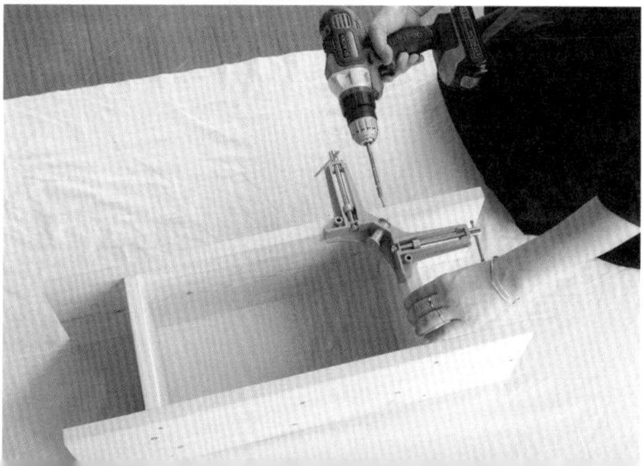

3

もう1枚の1の板を、側板の上から120㎜程度のところにねじで留めれば完成。お好みでワックスを塗る。

ITEM 2

2WAYテーブル

縦に使えば、コーヒーテーブルに。横に置けば子ども用のミニテーブルになる2WAYテーブルは、リビングや子ども部屋で大活躍。ほかにも装飾台にしたり、棚にしたり、使い方はアイデア次第でいろいろ。サイズ感はありますが、材料はたった2種。板と板をつなぎ合わせていくだけのシンプルな工程なので作業は簡単です。

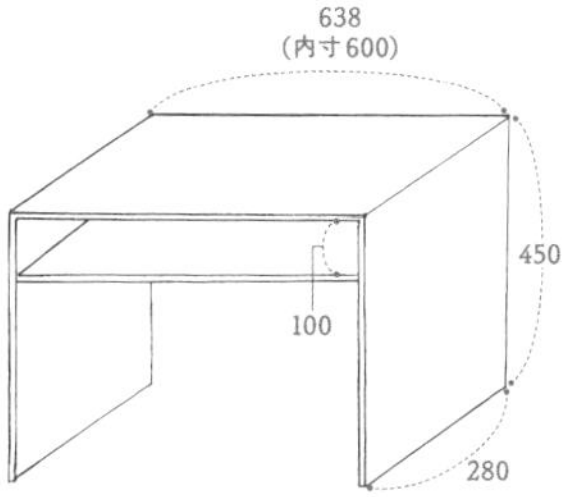

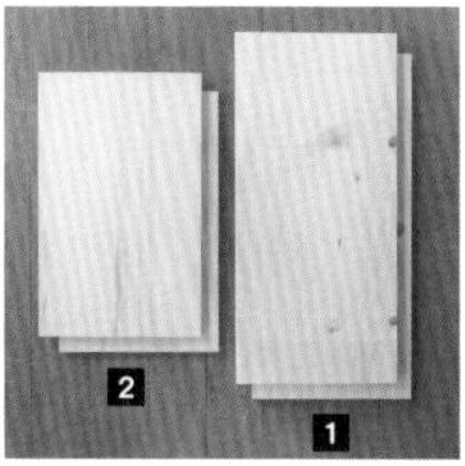

材料

1 SPF1×12(長さ600㎜)
…2枚[中板、天板]

2 SPF1×12(長さ450㎜)
…2枚[側板]

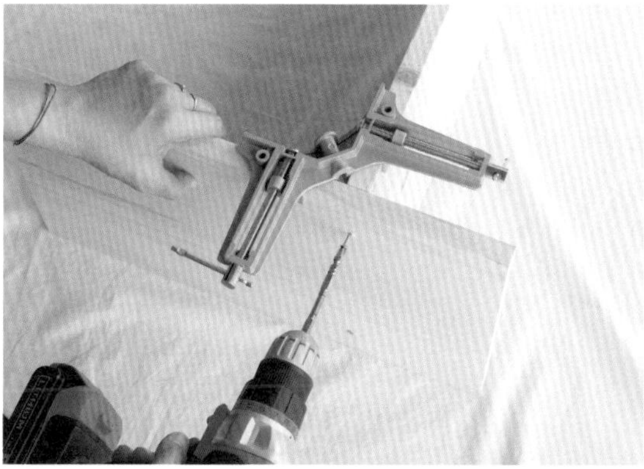

1

2の側板の長辺の端から100㎜の位置に、中板になる1の板1枚を垂直に固定。両端をねじ留めする。

2

もう1枚の1の板で天板をつくる。側板の内側に直角で固定し、両端をねじで留める。

3

反対側の側面に残りの2の板をセットし、中板、天板と接する箇所をねじ留め。お好みでワックスを塗布。

ITEM 3

収納ボックス付きチェスト

4つの収納ボックス付きなので、収納力は抜群。ボックスの前面には余った木材で、取っ手を付け引き出せる仕様に。キャスターを取り付けたことで、移動も楽々です。 1 ～ 3までの工程でできる木製キューブを重ねれば、簡単飾り棚にもなります(写真左)。

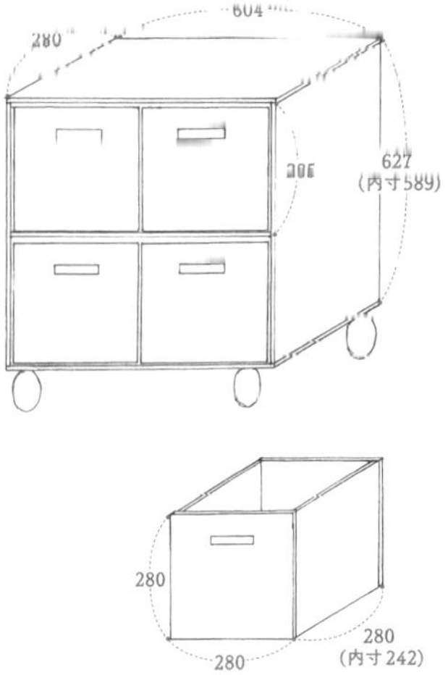

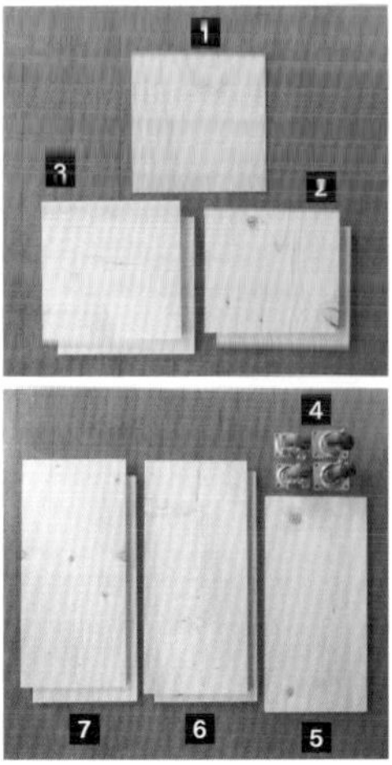

材料

ボックス

1 ベニヤ板(2.5㎜厚/280×280㎜)[底板]…4枚

2 SPF 1 ×12(長さ242㎜)…8枚[側板]

3 SPF 1 ×12(長さ280㎜)…8枚[前、背板]

棚

4 キャスター(中)…4個

5 SPF 1 ×12 (長さ566㎜)…1枚[中板]

6 SPF 1 ×12 (長さ604㎜)…2枚[天板、底板]

7 SPF 1 ×12 (長さ589㎜)…2枚[側板]

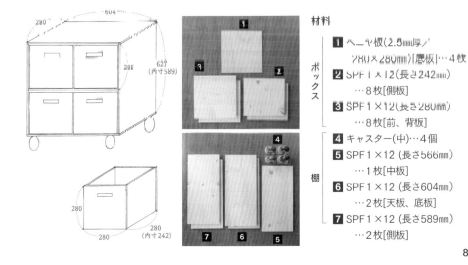

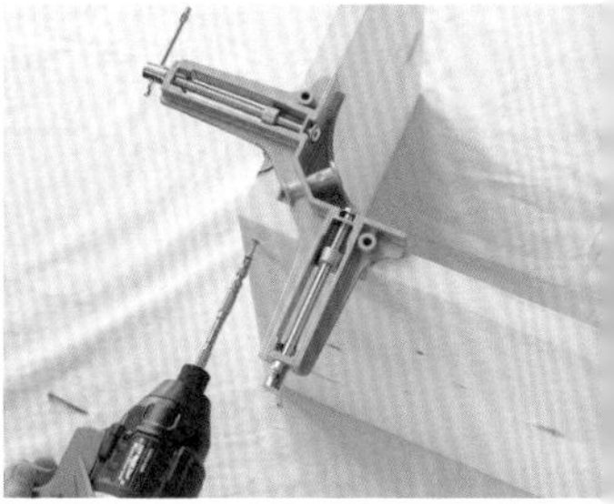

1　収納ボックスをつくる。2の側板の内側に3の板を固定し、両端をねじで留める。

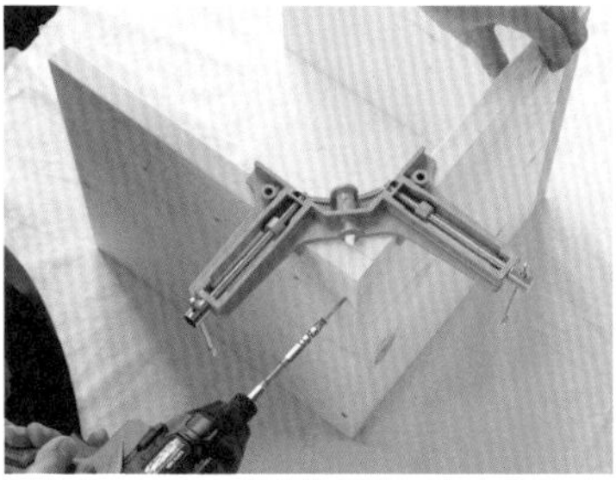

2　反対の側面にもう１枚の3の板を取り付ける。いずれのときも、下穴をあけてからねじ留め。

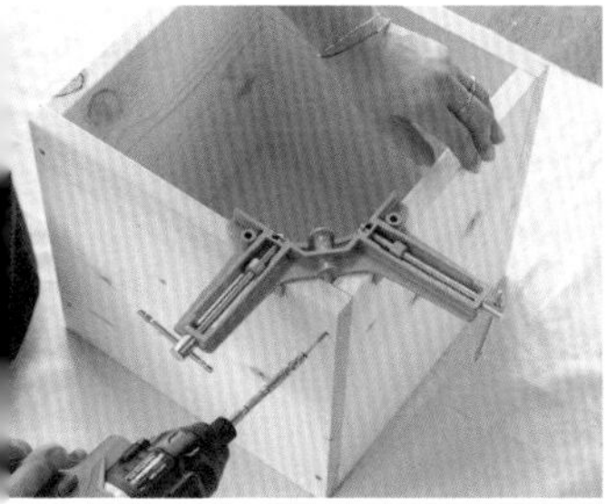

3　もう１枚の2の板もねじで留めて、キューブ形にする。同様のものを、４個つくる。

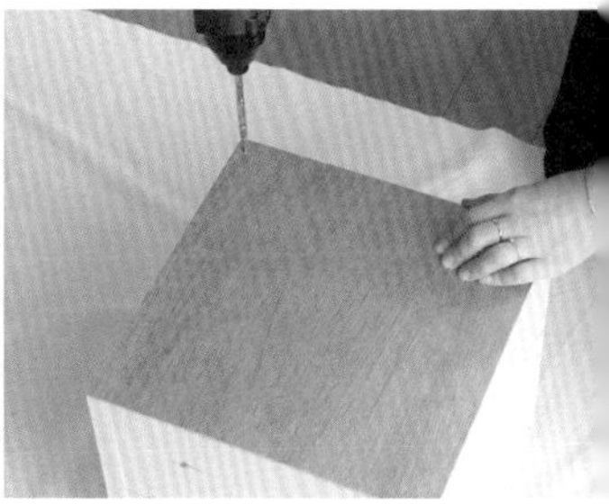

4　４個のキューブすべてに1のベニヤ板を底に取り付ける。四隅とその中間をねじで留める。

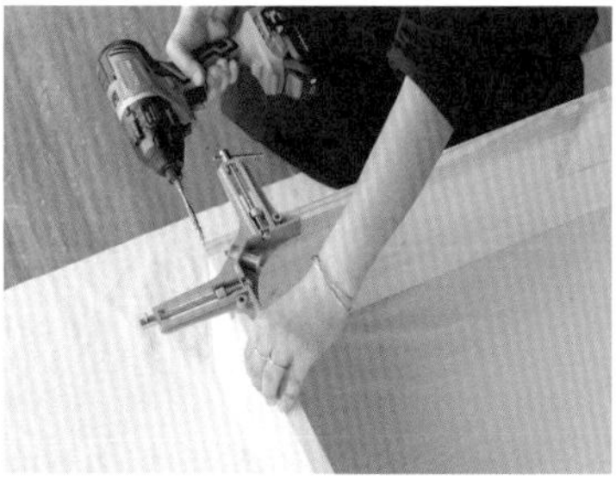

5　ボックスが入る棚をつくる。天板になる6の板の内側に側板の7を取り付けねじで両端を留める。

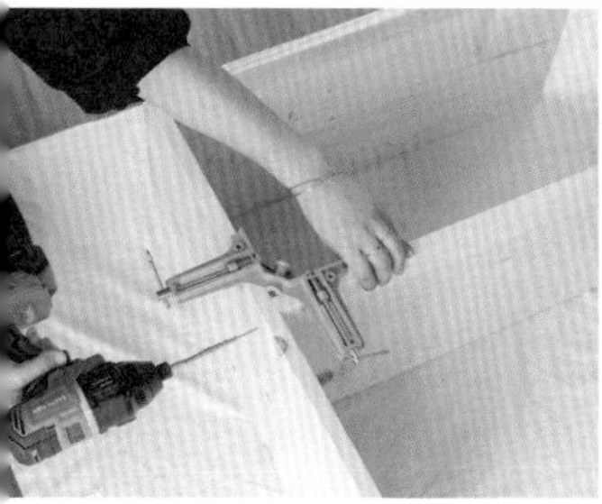

6　中板になる5を天板から285㎜の位置に直角に固定。側板の外側からねじで両端を留める。

7　反対側にも側板の7を取り付ける。天板、中板との接する箇所をねじで留めて固定する。

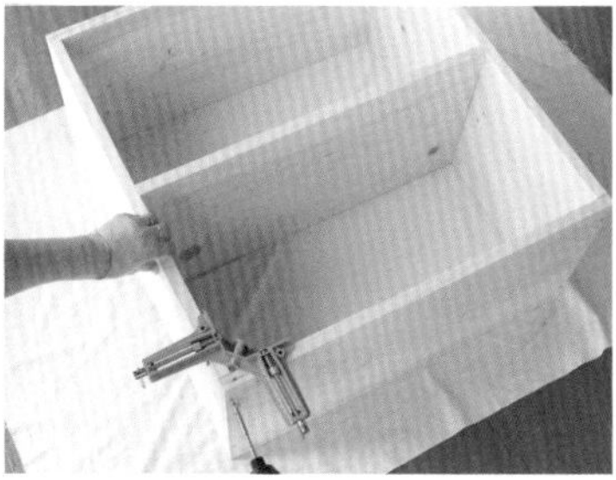

8　残りの6の板を底になる部分に取り付ける。側板と接する箇所の両端をねじで留め固定。

9　底面の四隅に4のキャスターをねじで取り付ける。お好みで、ワックスで塗装する。

ITEM 4

りんご箱でつくる引き出し付き収納

DIYやインテリア好きの間で近年人気を集めている、りんご箱。重ねておくだけでも雰囲気のあるシェルフになりますが、ここではりんご箱の中に棚板と引き出しをプラスし、収納力と使い勝手を高めました。マスキングテープを活用した装飾も加えオリジナリティもアップ！

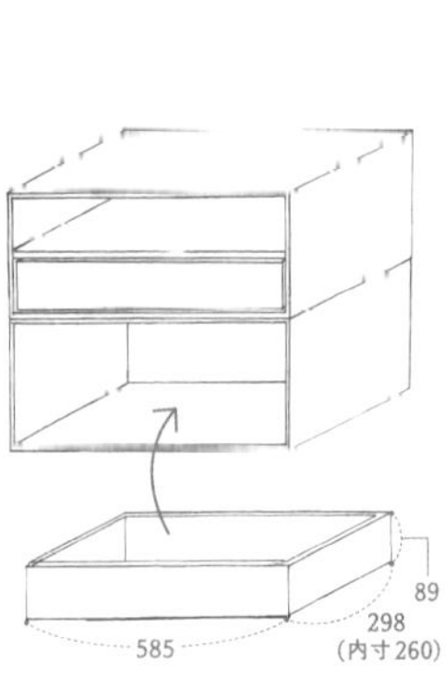

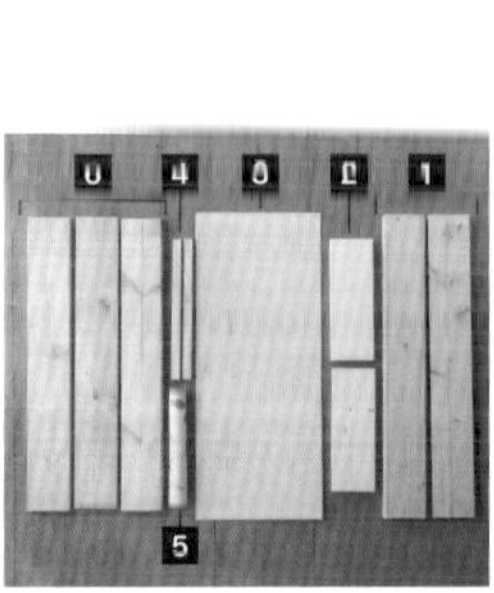

材料

引き出し

1 SPF 1×4（長さ585㎜）…2枚[前、背板]
2 SPF 1×4（長さ260㎜）…2枚[側板]
3 ベニヤ板（2.5㎜厚／298×585㎜）…1枚[底板]

棚

4 角材（12㎜厚／幅18㎜×長さ260㎜）…2本[棚受け]
5 インテリア用マスキングテープ mt CASA FLEECE（押し花）（幅230㎜）
6 SPF 1×4（長さ585㎜）…3枚[中板]

1 ❸の底板用のベニヤ板の片面に、❺のマスキングテープを端から貼っていく。

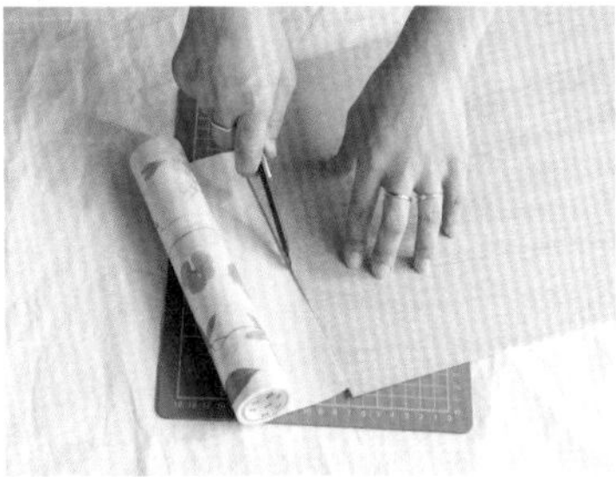

2 空気が入らないようにしながら板の端まで貼ったら、裏面からカッターナイフでカット。

3 一度では貼りきれなかった部分にもマスキングテープを貼り、端まできたらカット。

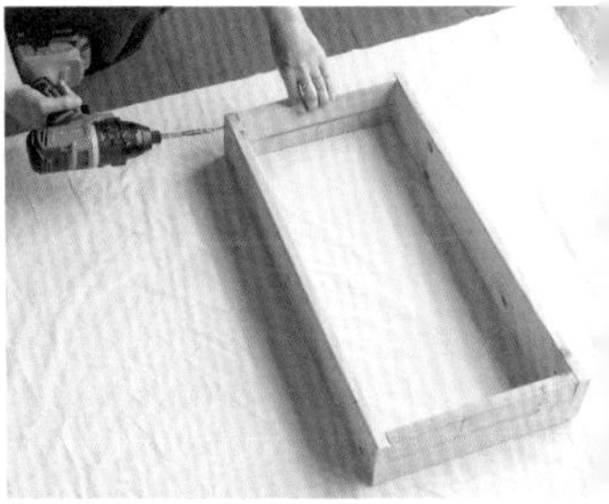

4 ❷の側板の外側に、❶の前板、背板が付くように組み合わせ、引き出しの枠をつくる。

5 マステの面が引き出しの内側になるように底板をセット。ねじで四隅とその中間を留める。

6 りんご箱の内側面に❹の角材を設置。引き出しを下段に入れたときにぶつからないところに。

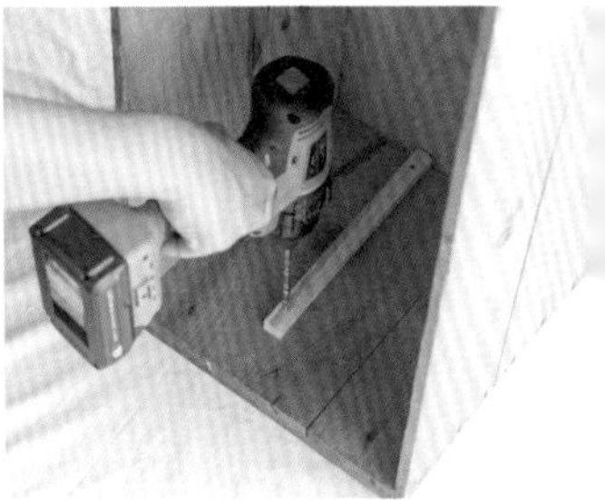

7 角材の両端をりんご箱の内側からねじ留め。反対の側面も同様に。これが棚受けになる。

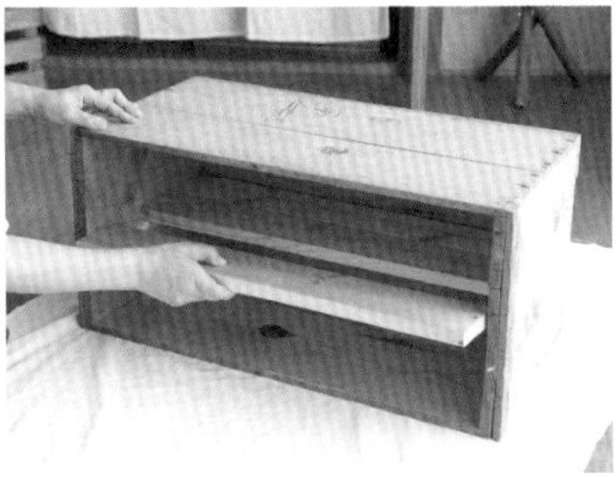

8 7で取り付けた角材の上に❻の板3枚を並べると、りんご箱の中に棚ができる。

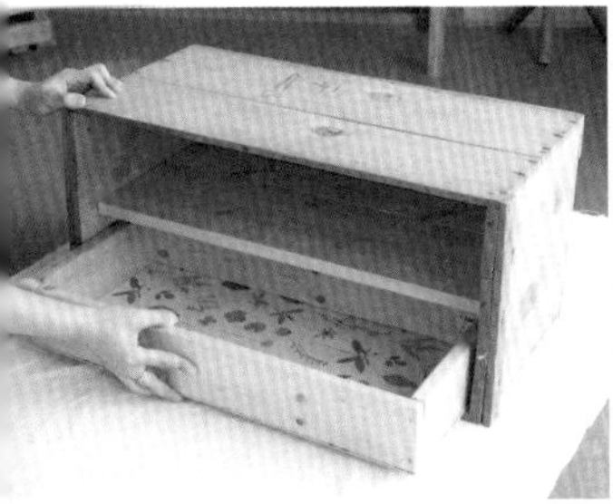

9 中板の下に引き出しを入れる。りんご箱の色に合わせ、ワックスで塗装すると雰囲気アップ。

ITEM 5

収納付きベンチ

側面の脚の部分を切り落とすことで、デザイン性をアップ。ハードルが高いという場合は、この工程を省き、長方形のままでもOKです。前板、背板、底板を取り付けることで収納機能を加えました。

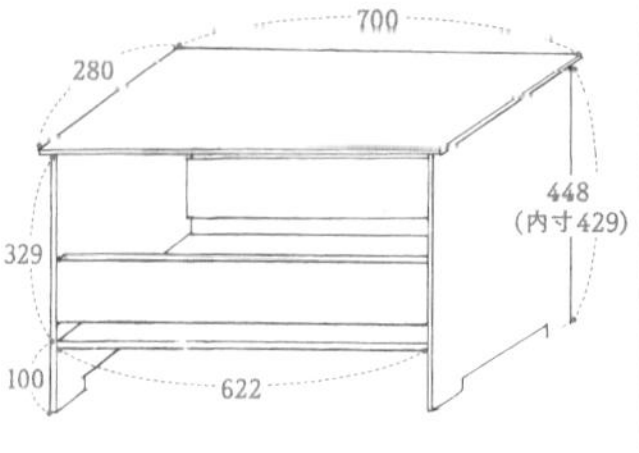

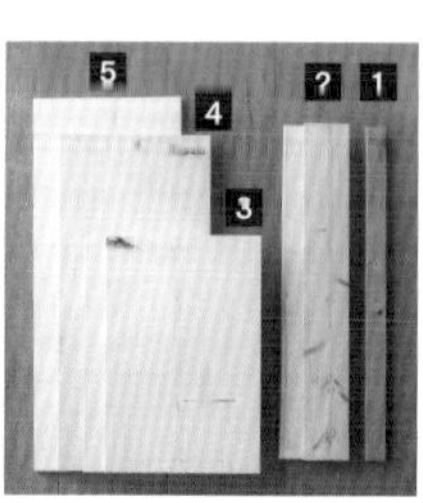

材料

- 1 SPF 1×2(長さ622㎜)… 1 枚[棚受け]
- 2 SPF 1×4(長さ622㎜)… 2 枚[前、背板]
- 3 SPF 1×12(長さ429㎜)… 2 枚[側板]
- 4 SPF 1×12(長さ622㎜)… 1 枚[底板]
- 5 SPF 1×12(長さ700㎜)… 1 枚[天板]

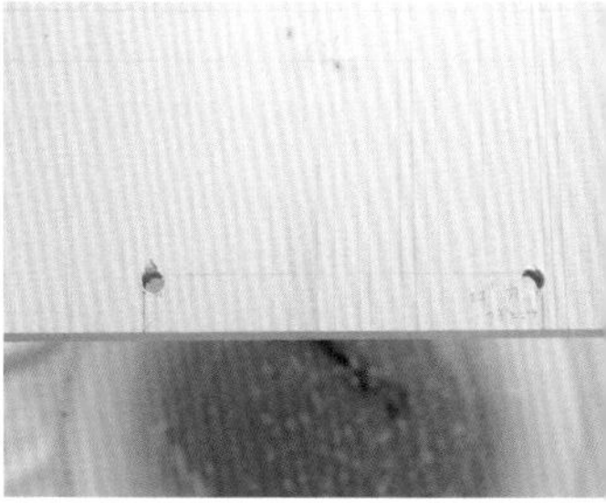

1 **3**の板の短辺の一部を落とし脚をつくる。両端からそれぞれ70㎜程度の位置に印を付ける。

2 1の穴は、ドリルで空けたもの。ジグソーの刃が通るように、大きめな穴をあけておく。

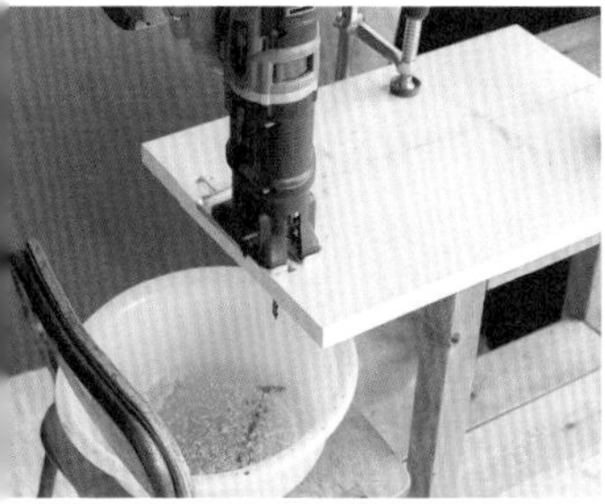

3 クランプを使い、板を作業台に固定。印を付けた箇所をジグソーやのこりぎりで切り落とす。

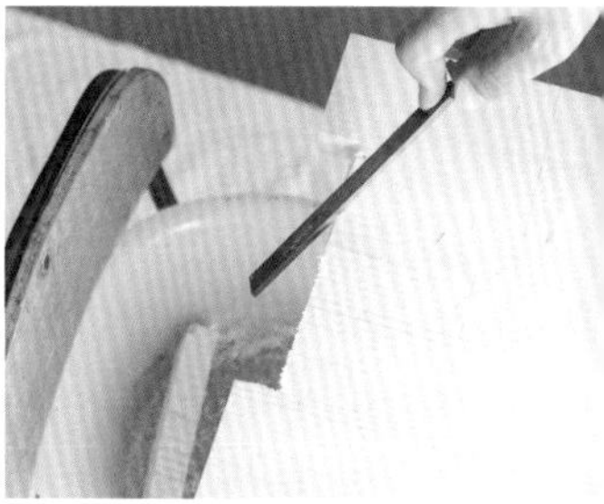

4 ジグソーで切った面をやすりでなめらかにする。もう1枚の**3**の板にも同様に脚をつくる。

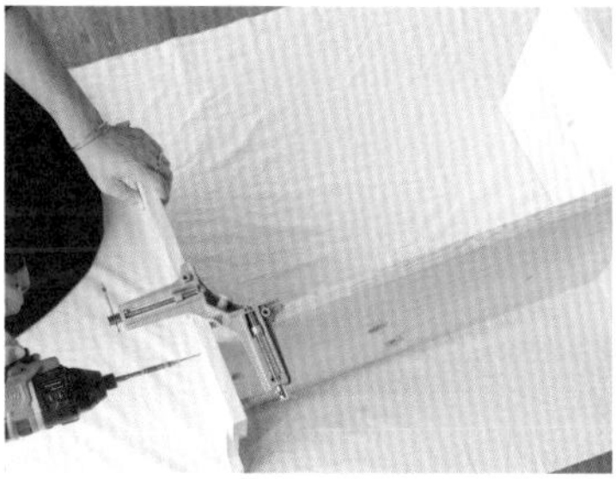

5 側板の下から約100㎜のところに底板をセットし両端をねじで固定。反対の側面も同様に。

6 強度を高めるために、天板の受け板となる**1**を取り付ける。側板の中間に印を付ける。

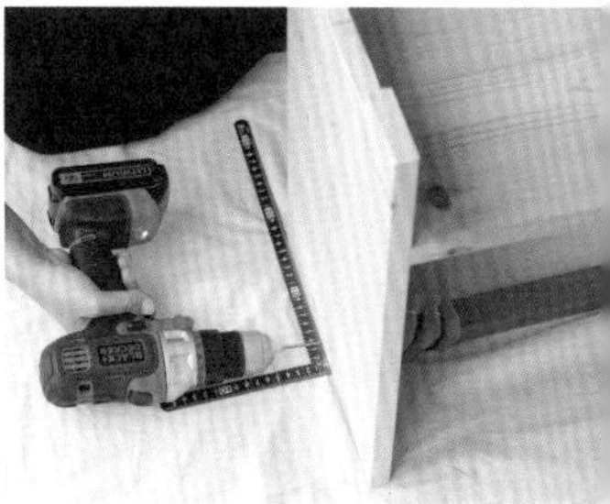

7 側板の外側からねじで留める。ねじを打つ位置は、定規で測り印を付けておく。

8 **5**の天板を付ける。両端に均等のはみだしを残して設置し、側板と接点を数カ所留める。

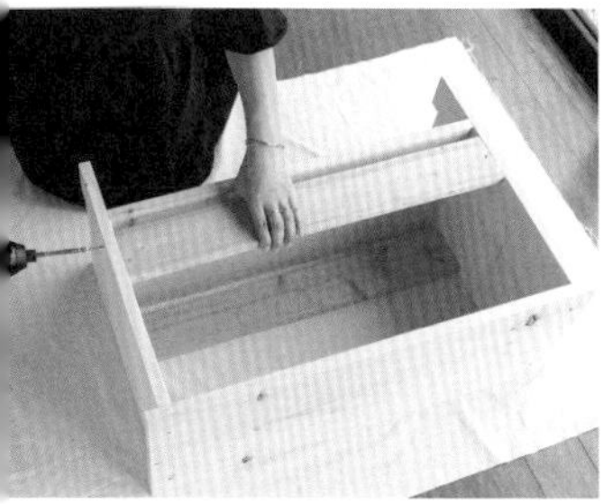

9 底板より少し上の位置に前板、背板を取り付ける。側板の外側からねじで留めて固定する。

ITEM 6

壁掛けシェルフ

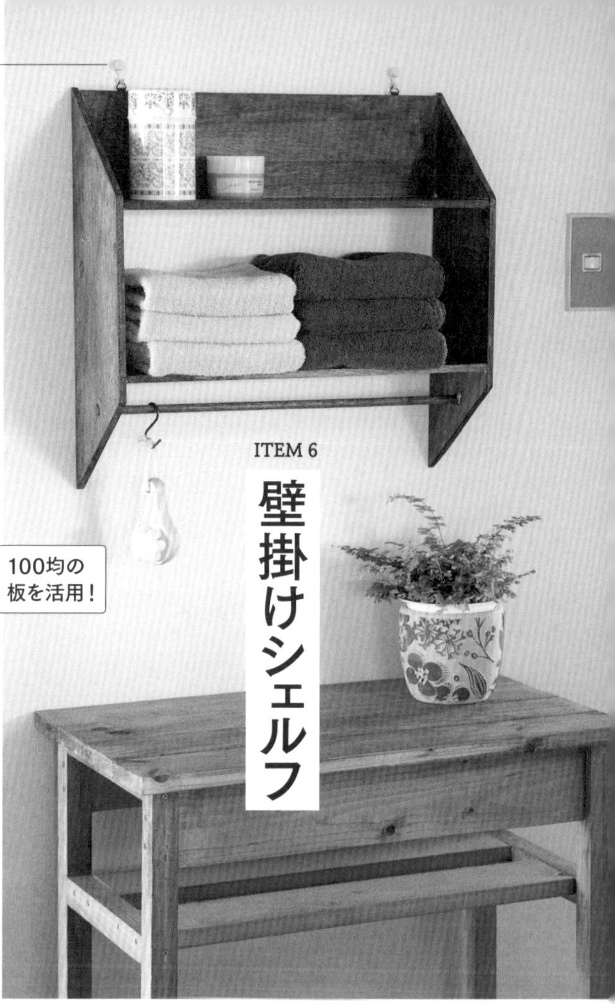

ここでは、100円ショップ「セリア」の木板を活用。SPF材同様厚みや幅を生かして組み立てることができます。ただし、SPF材よりもやわらかいので留め具はミニビスを活用。下穴もきりであけます。

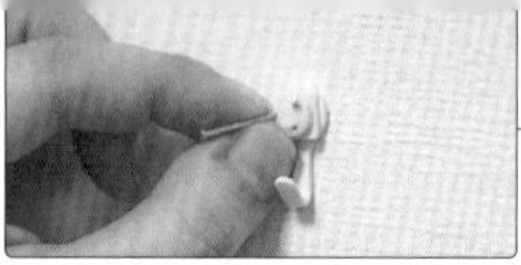

ピンフックで簡単に取り付けられる

100円ショップの「ミニピンフック」を活用。ピンのあとが極小なので賃貸でも壁掛けできます。

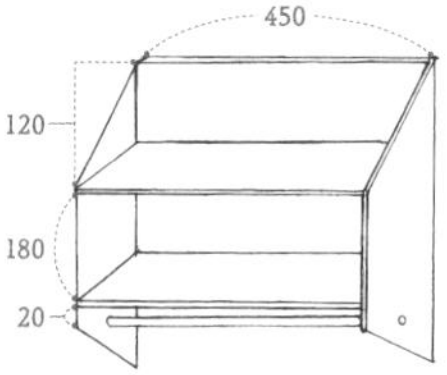

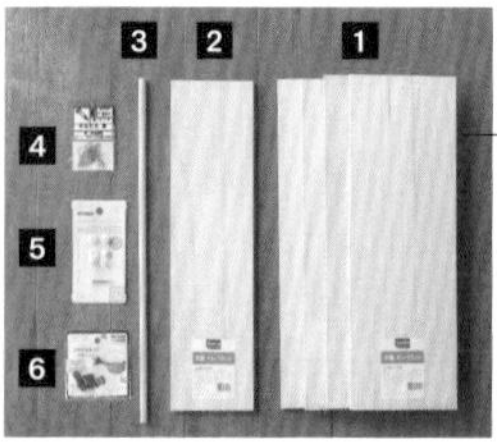

100均の板を活用！

材料

1 木板（幅450×長さ150㎜）…４枚［側板、棚板］

2 木板（幅450×長さ120㎜）…１枚［背板］

3 丸棒（長さ452㎜）…１本

4 ミニビス

5 ピンフック

6 三角吊金具…２個

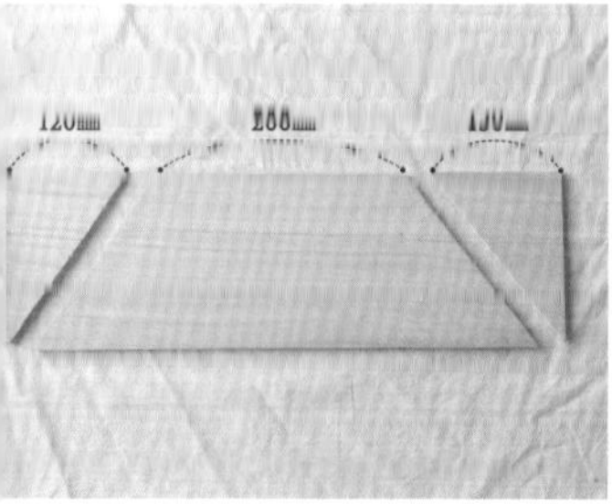

1 1の板の２枚だけ、一部をジグソーやのこぎりで斜めに切り落とす。切るときは、クランプで作業台にしっかり固定をする。この２枚は側面の板になる。

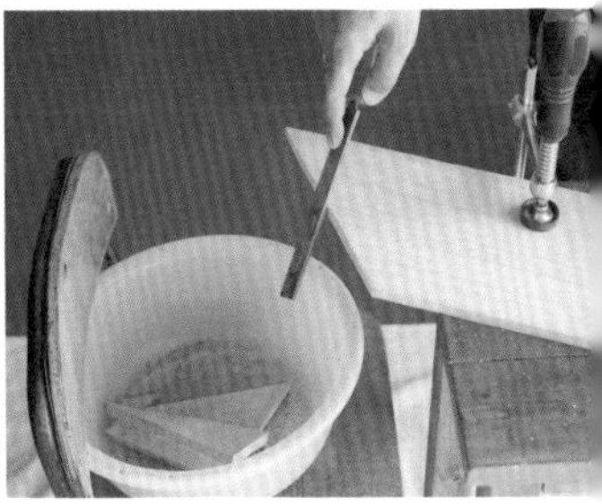

2　1で切り落とした部分は、毛羽だっているので、やすりで磨きなめらかにする。

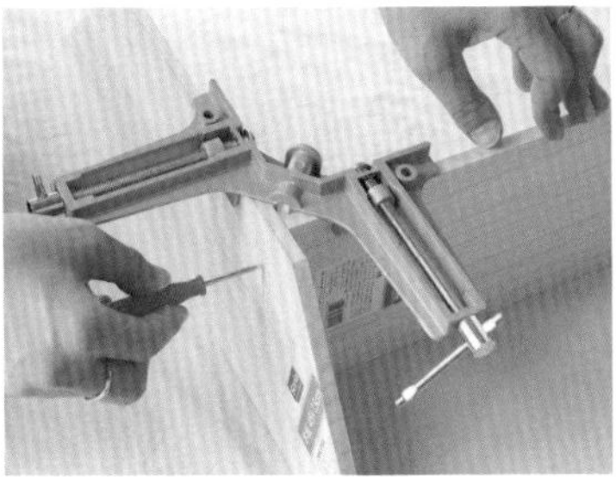

3　1で130mm切り落としたほうの、下から20mmに1の棚板をセットし、下穴をあける。

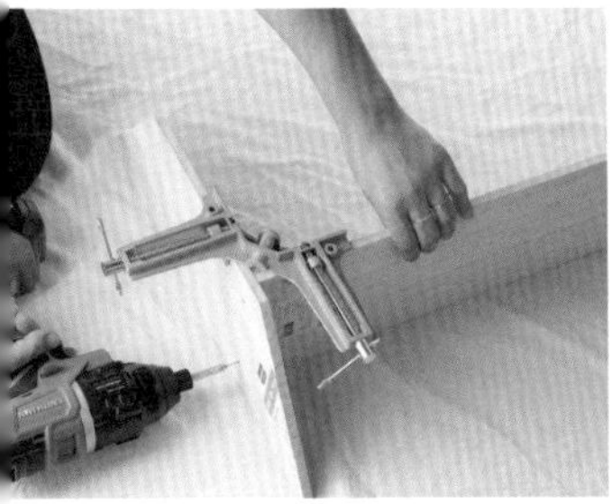

4　3で側板の両端にあけた下穴にミニビスを打ち、留める。これが下段の棚板になる。

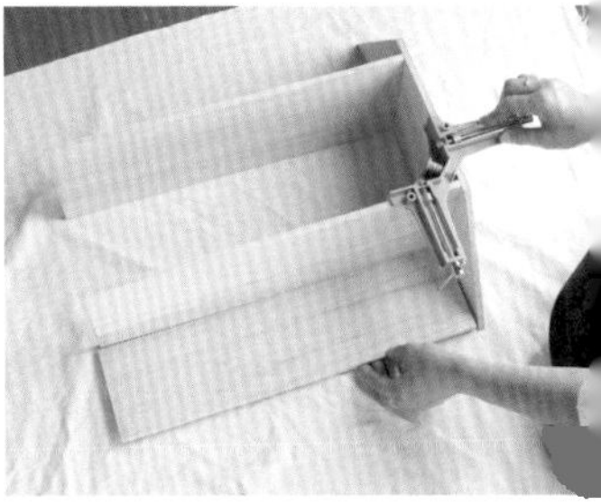

5　上段の棚板も側板に付ける。次に2の板を、上段の棚の背面になる場所にセット。

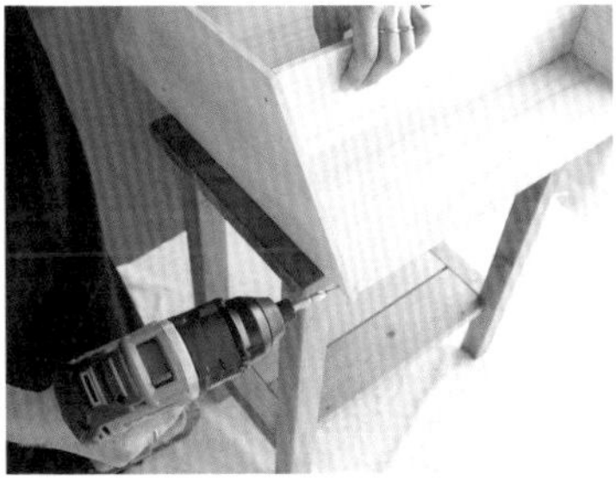

6　側板の外側から背板を留める。反対側の側板も取り付け、背板、棚板を留める。

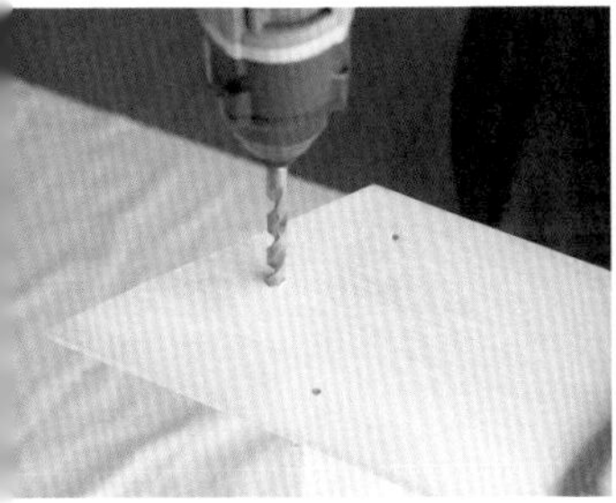

7　下段の棚板から少し下のところに、丸棒を通すための穴をドリルであける。

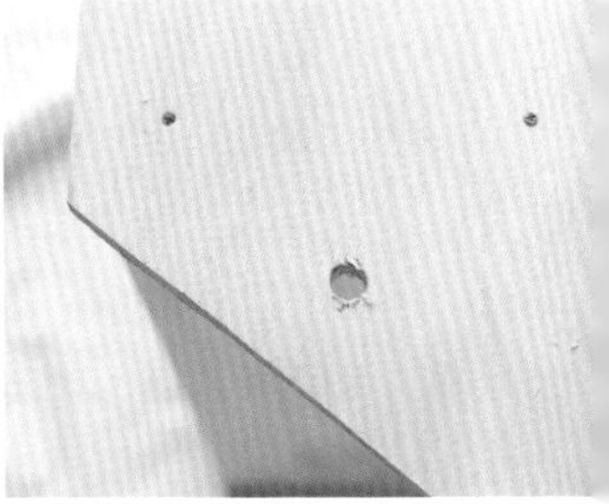

8　反対側の側板にも丸棒用の穴をあける。棒が平行になるように寸法を測り穴の位置を決める。

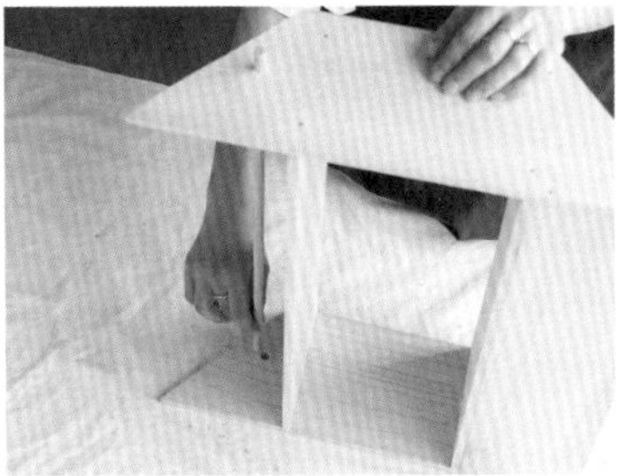

9　7、8であけた穴に丸棒を入れる。板が割れないように注意しながら差し込む。

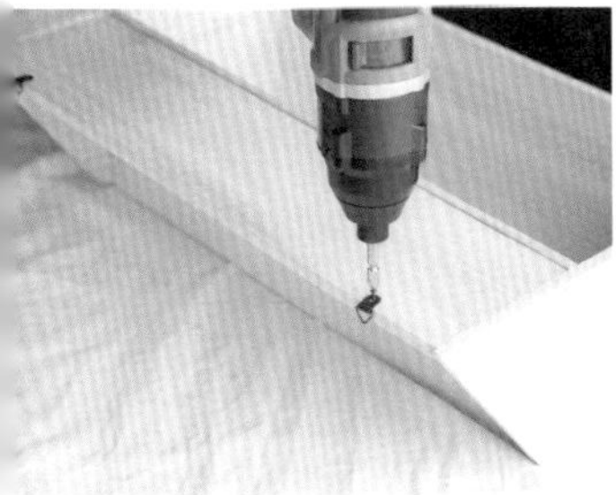

10　棚の背面の上部、左右それぞれの端から50mm程度のところに、三角吊金具を付ける。

ITEM 7

物干しスタンド

材料はたった４種類。棒状の材料をつなぎ合わせるだけなので、初心者でもあっという間。完成品の縦軸の木材の先端は、両端をやや斜めに切り落としてデザイン性を加えました。

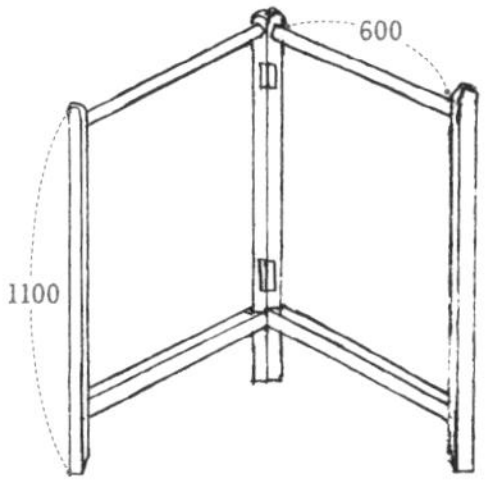

材料
1 SPF材 1×2（長さ600㎜）…2枚[下部横棒]
2 丸棒（直径25㎜、長さ600㎜）…2本[上部横棒]
3 SPF材 1×2（長さ1100㎜）…4枚[縦軸]
4 蝶番…2個

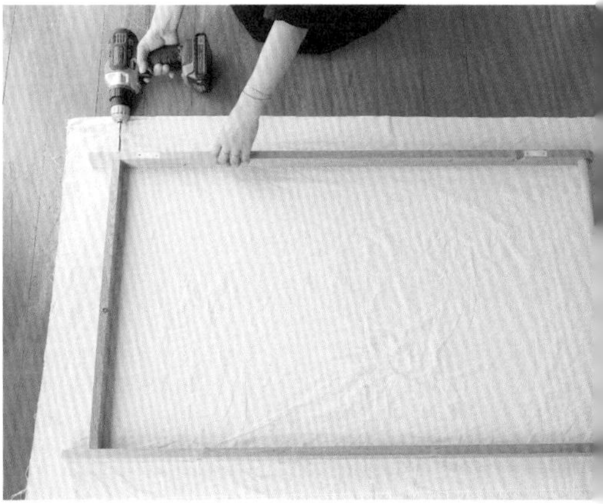

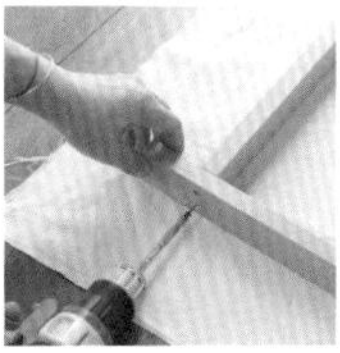

1

3の板2本の内側の上部に2の丸棒を、下部に1をセットしねじ留め。これを2つつくる。

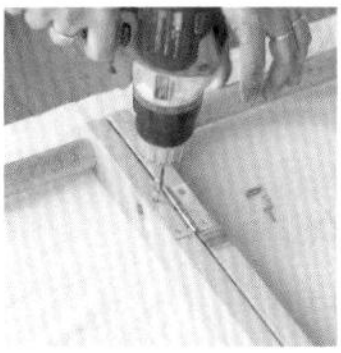

2

つくった木枠2つを、3の板の部分が接するように横に並べ、蝶番で2カ所をつなぎ合わせる。

蝶番を取り付けたことで、折りたたみとスタンドができる物干しに。塗装すると、濡れた洗濯物への色移りの可能性もあるので、無塗装がおすすめです。

ITEM 8

ブラケットライト

ホームセンターで手に入る丸板を使い、愛らしいデザインに。プレート型の金具を取り付けることで、長押に引っ掛けられる仕様にしました。ワックスで染めると古道具風の雰囲気が増し、和室にもしっくりきます。

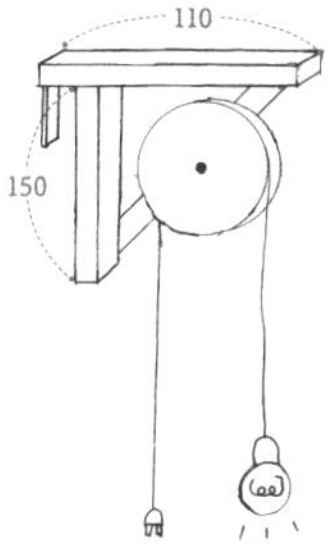

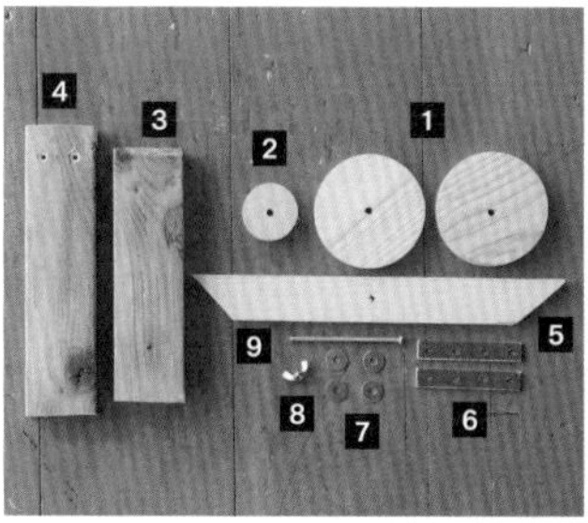

材料

1 丸板(直径60㎜)…２枚
2 丸板(直径30㎜)…１枚
3 SPF材１×２(長さ110㎜)…1枚[天板]
4 SPF材１×２(長さ150㎜)…１枚[側板]
5 角材(厚さ６㎜／幅25㎜×長さ200㎜)
※端を斜めに切り落としたもの…１枚
6 プレート型金具(55㎜)…２個
7 ワッシャー…４個
8 蝶ナット…１個
9 ボルト…１本

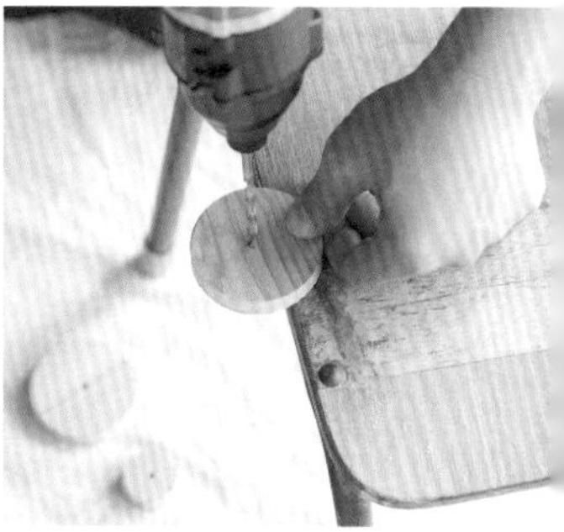

1 1、2両方の丸板の中心部分にドリルで穴をあける。5の板も中央に穴をあける。

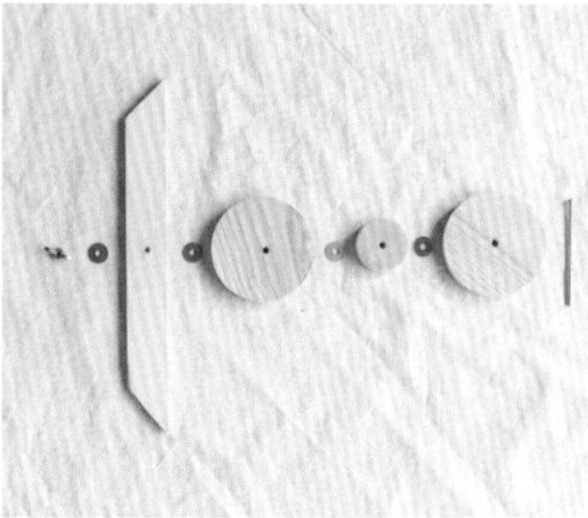

2 1の丸板と2の丸板、1の丸板、5の板の順で、間にワッシャーを挟みながら重ねていく。

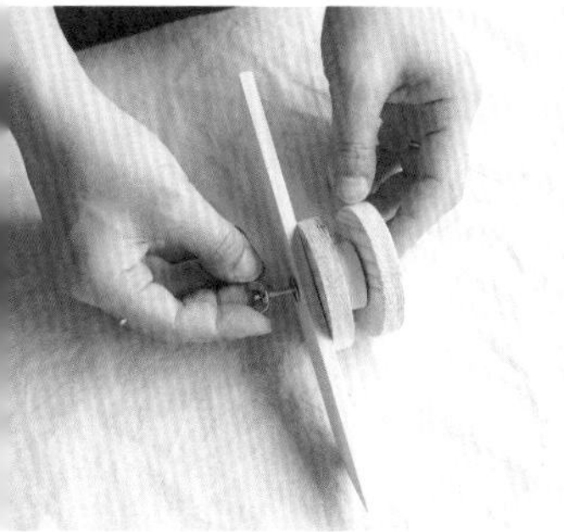

3 ワッシャーを挟みながら重ねた４枚の板の穴にボルトを通し、蝶ナットで締めて固定。

4 3の板の端から20㎜程度内側のところに、4の板を垂直に取り付け2カ所ねじで留める。

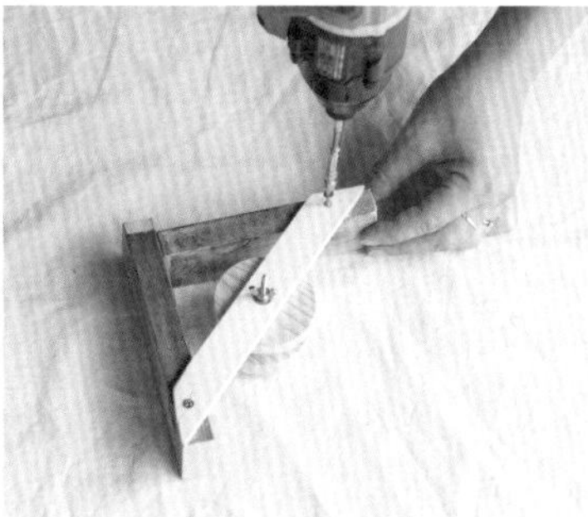

5 4で組み合わせたものに3を取り付ける。L字の両端と、5の板の端をねじで留める。

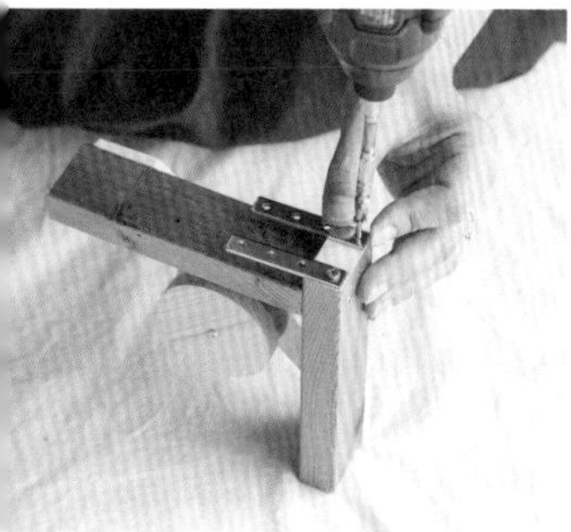

6 3の板の少し飛び出した背の部分に、6の金具を取り付ける。ここが長押フックになる。

ITEM 9

デスク

和室とも相性がいい古道具風のミニデスク。脚の部分には厚みのあるツーバイ材を活用しています。天板下の棚には、本や文具はもちろん、ノートパソコンも収納可能。

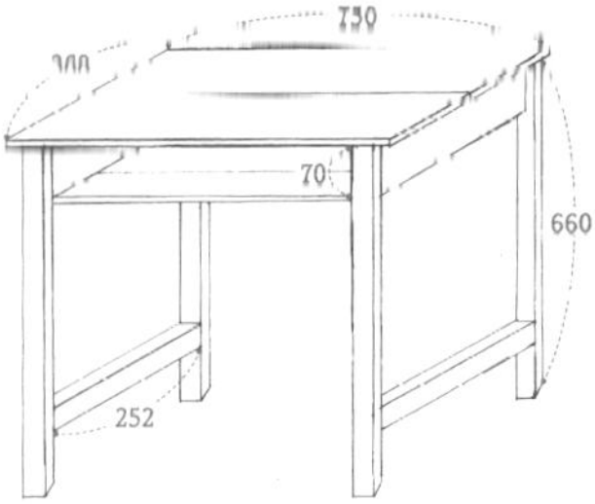

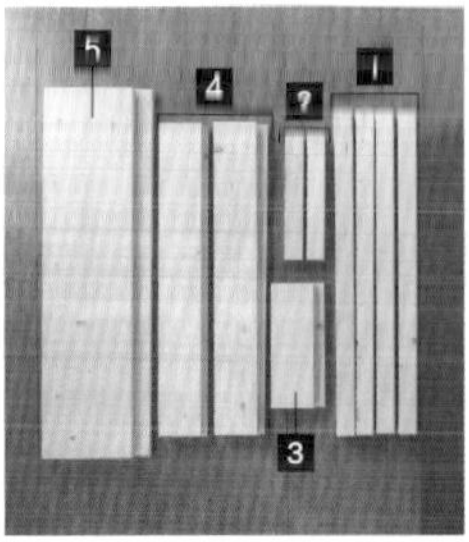

材料

1 SPF材2×2(長さ660mm)
…4本[脚]

2 SPF材2×2(長さ252mm)
…2本[貫]

3 SPF材1×4(長さ252mm)
…2枚[幕板]

4 SPF材1×4(長さ634mm)
…4枚[背、中板]

5 SPF材1×8(長さ750mm)
…2枚[天板]

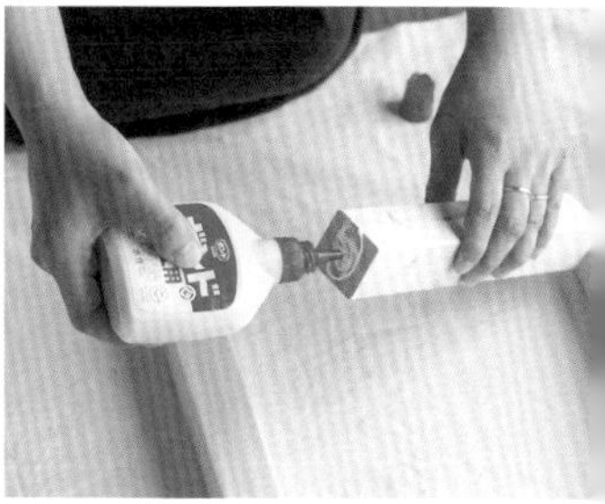

1　1を2本用意。その内側上部に3、下から10cm程度のところに2をボンドで仮止めする。

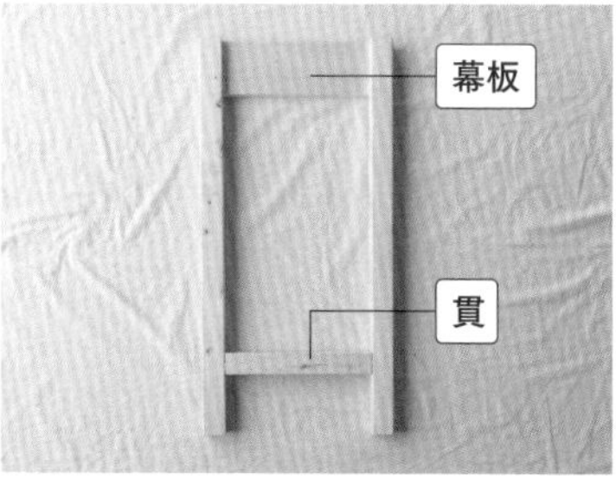

2　写真のように脚の上部に幕板、下部に貫が付く。それぞれを仮止めしたものを2つつくる。

3　仮止めしていた部分をねじで2カ所ずつ留める。ボンドとネジで留めて強度を高める。

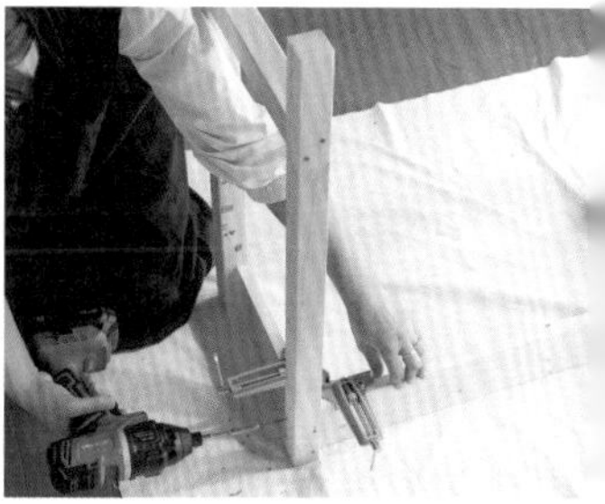

4　4の板1枚を用意。これが背板になるように、脚の内側に設置し、ねじで留めていく。

5　4の板3枚を中板にする。背板と脚の幕板に接する場所に3枚を並べてセットする。

6　両側面の幕板、背板からねじを打ち、3枚の中板をそれぞれ固定していく。

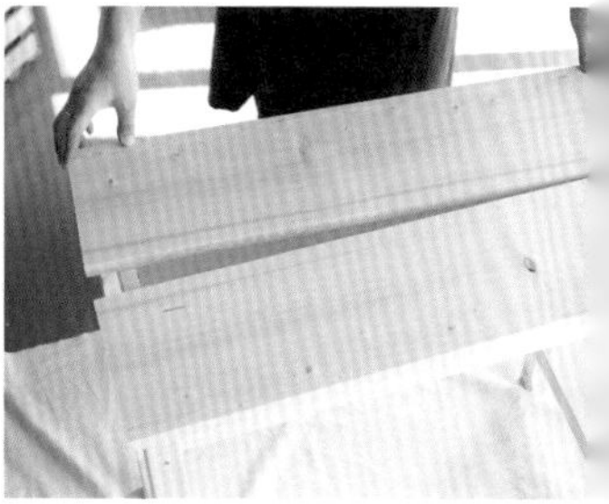

7　5の板2枚を天板にする。板と板の間をぴったりくっ付けつつ、バランスがいい位置に2枚を並べる。

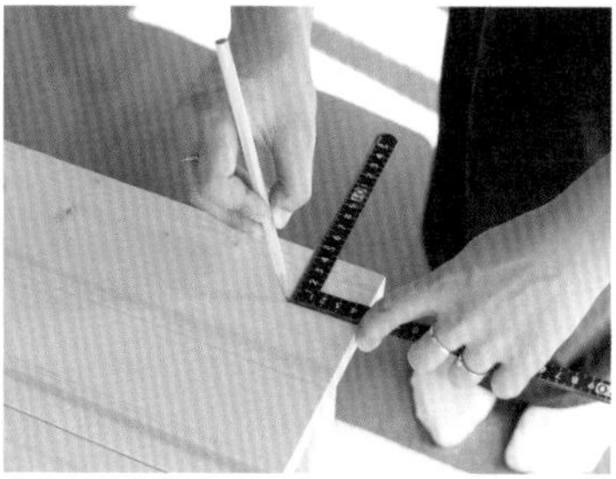

8　脚と天板が接する部分にねじを留めていく。ずれないように寸法を測り、留める場所に印を付ける。

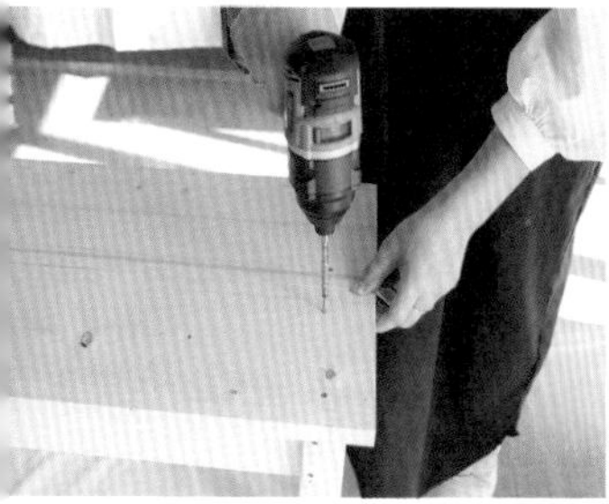

9　印を付けた箇所に下穴をあけたあと、ねじ留め。天板の各辺、4カ所を留めてしっかり固定する。

ITEM 10

アイロン台

古道具屋さんで見かける、アンティーク風のアイロン台を再現。脚の部分をひと技きかせて、折りたためる仕様にしています。アイロン台としてはもちろんですが、飾り棚やテーブルとしても活躍。

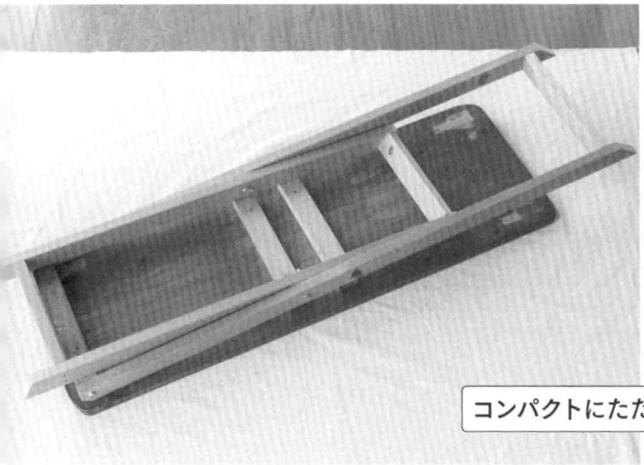

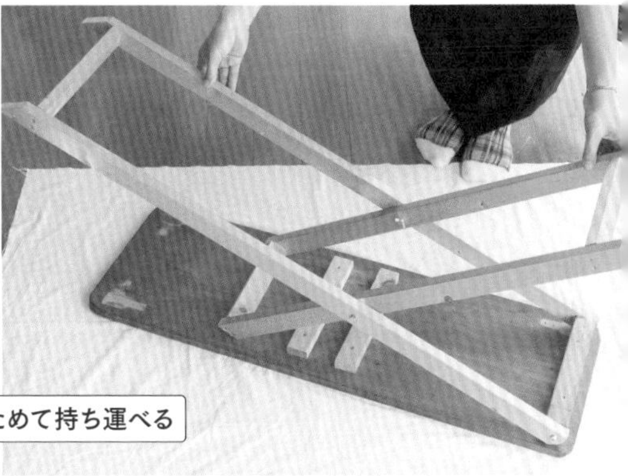
コンパクトにたためて持ち運べる

ときには、テーブル代わりに。一人ランチやお茶をするのに、ちょうどいいサイズです。

和室や縁側では、花を飾ったり、お香を置いたりする飾り棚としても活用しています。

 つくり方はP100へ

脚が可動する仕組みを施し、
折りたためる仕様に

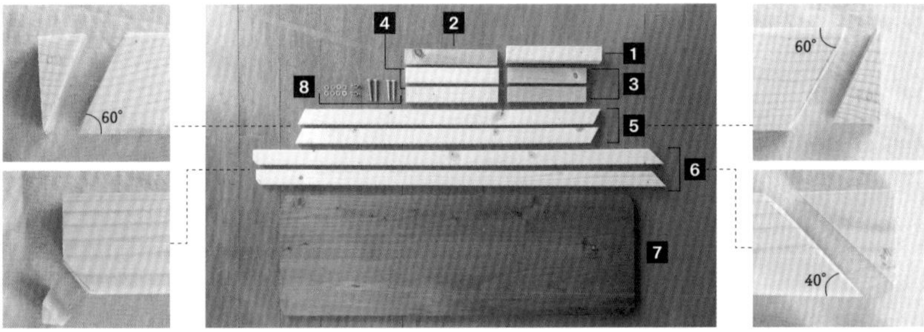

材料

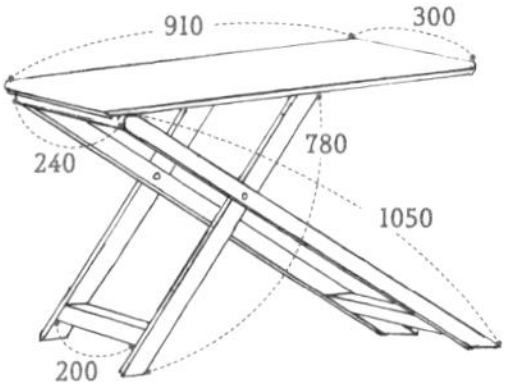

- **1** SPF材２×２(長さ240㎜)…１枚[長脚上部]
- **2** SPF材１×２(長さ240㎜)…１枚[長脚下部]
- **3** SPF材１×２(長さ200㎜)…２枚[短脚上部、下部]
- **4** 角材(長さ200㎜程度)…２枚[天板裏]
- **5** SPF材１×２(長さ780㎜)…２枚[短脚]
- **6** SPF材１×２(長さ1050㎜)…２枚[長脚]
- **7** 板(17㎜厚／幅300×長さ910㎜)※SPF材１×12(長さ910㎜)でも可能…１枚[天板]
- **8** ワッシャー８個、蝶ナット…２個、タッピングビス(６㎜)…２本、ボルト(６㎜)…２本

1　脚になる木枠(大・小)を作る

最初にアイロン台の脚になる、長さ、幅の異なる２つの木枠をつくります。

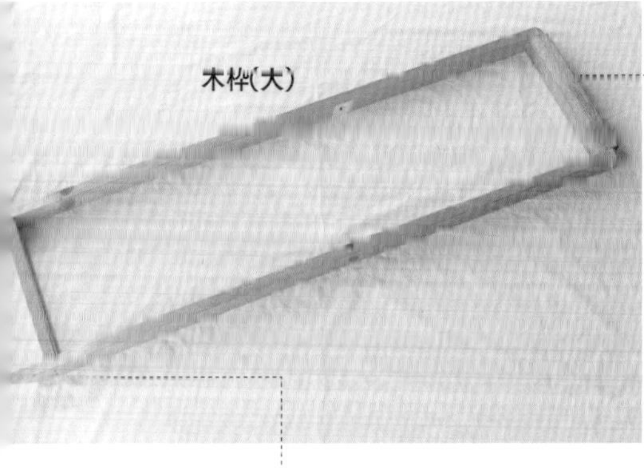

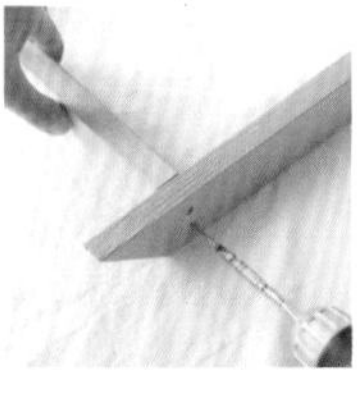

2の板を脚の下部に取り付ける。左右それぞれの脚の外側から、ねじを差し込み留める。

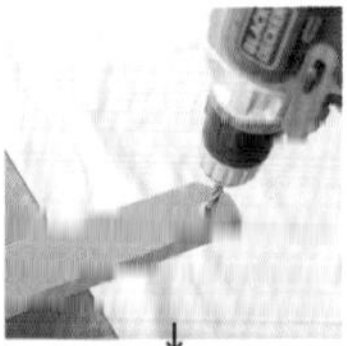

6の木材の上部の内側に**1**を取り付ける。まず、**6**の板にタッピングビスを差すために8㎜の下穴をあける。

6の板の内側、外側それぞれにワッシャーを挟んで、タッピングビスを通す。

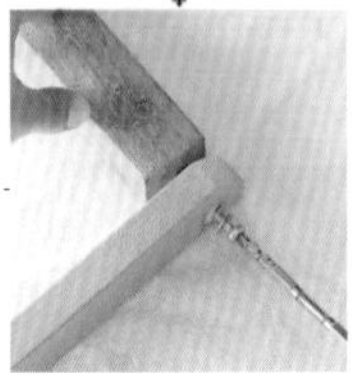

ビスをドライバーで締めていくが、ビス(６㎜)より大きい８㎜の下穴をあけたことで、脚が可動できるようになる。

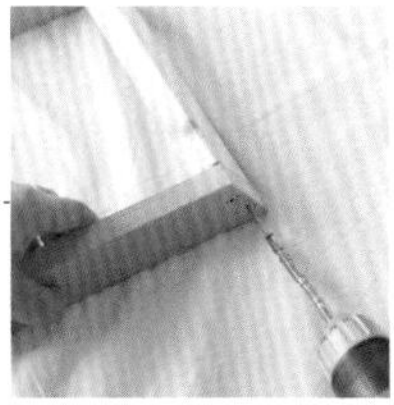

❺の木材の上部に❸の板を取り付ける。ビスで2カ所ずつ留めていく。

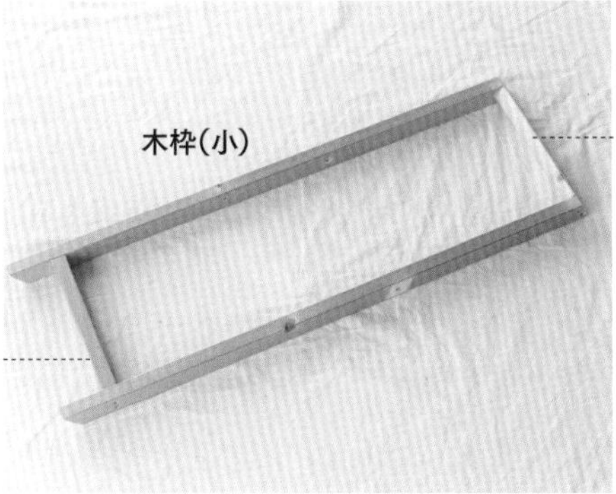

もう1枚の❸の板は脚の下部に。両脚の外側からねじで2カ所ずつ留める。

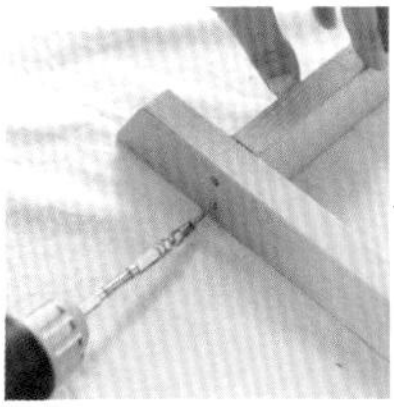

2 脚を組み合わせる

大小ふたつの枠の、脚部分をつなぎ合わせる。こうすることで、立てたときクロスする仕様に。

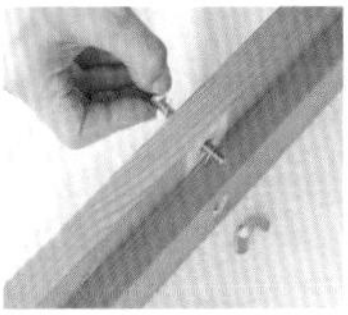

大・小の木枠それぞれの脚にボルトを通すための8㎜の下穴をあける。脚の中間より少し上くらいの位置が目安。

下穴にボルトを通し2つの木枠をつなぐ。このとき枠の外側、内側、板と板の間にワッシャーを挟み込んで、ボルトを締める。

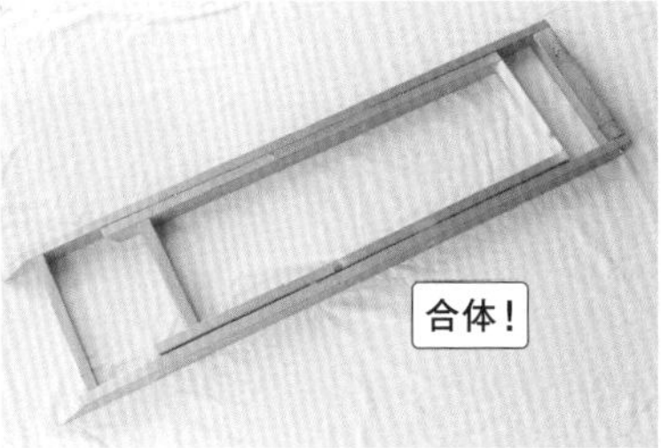

3 天板に長脚を取り付ける

長い脚は天板裏に固定。短い脚のほうは、留めない仕様にすることで、折りたたみが可能に。

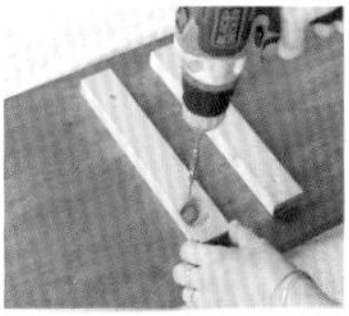

❼の天板の裏側の中心部分に❹の角材2枚を取り付ける。40mmくらいの間をあけて置き、ねじで留める。

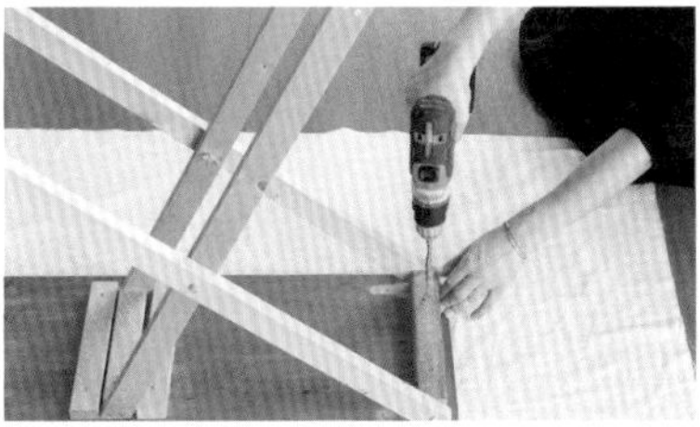

天板裏の板の間には、短い脚の上部の板をはめ込むが、ねじは打たない。天板の端には、大きい脚の上部の板をねじで固定。

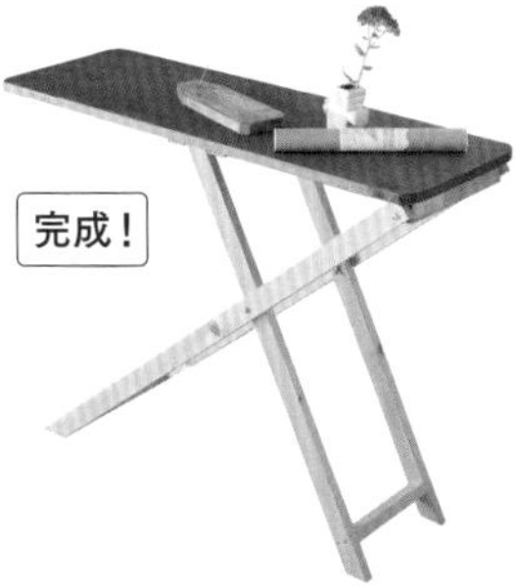

CHAPTER4

古い家のよさを生かす暮らし

古い日本家屋だからこそ味わえる趣、メリット、
楽しさがあります。ここでは、この家だから紡げる豊かな時間や
この暮らしを彩ってくれているアイテムを紹介します。

縁側を生かす

和室と庭をつなぐ廊下のような空間「縁側」。古い日本家屋には当たり前のように設けられていた空間は、築約40年の我が家にも備わっていました。大きな掃き出し窓から燦々と光が降り注ぐ、明るく温かみのある場所。内見に行ったときに、まず心を奪われたのもここでした。

我が家の縁側は、いわゆる「広縁」とよばれる幅が広いタイプ。テーブルやイスなどの家具を持ち込んでも余裕がある広さなので、廊下というよりは一つの部屋のように活用しています。テーブルセッティングをして家族で食事をしたり、ここに置き畳を敷いて遊んだり、思いっきりゴロゴロしたり……。

自然がつくり出す日だまりは本当に暖かく、冬はここでの日向ぼっこが至福の時間です。

広い縁側だから子どもたちものびのび遊べる

燦々と光が入る明るい広縁。夏は暑いですが、冬はまるでこたつに入っているかのような暖かさと心地よさです。

休日は庭を眺めながら、
お一人様ランチも。

四季の移ろいを肌で感じられる場所

縁側は、家族みんなが大好きな場所。やわらかな日だまりが紡ぎ出す穏やかな空気は、みんなを自然とご機嫌にしてくれます。

縁側から望める景色もまた、この暮らしの魅力です。窓の向こうに広がる庭先には春になればモクレンが、秋になればキンモクセイ

ここで、一人ランチやお茶をしたりすることも。そんなときはアイロン台（P98）がテーブルとして活躍します。ぽかぽかと暖かく最高の居心地。ここでぼーっとすることで、気持ちもリフレッシュできます。

が咲きほこり、季節の移ろいを知らせてくれます。生き物が大好きな次男は、ここで鳥のさえずりや虫の声に、耳を傾けることも楽しいそう。そんなふうに自然と一体化した暮らしが楽しめるのもこの家を選んだからこそ。古い日本家屋での暮らしの特権ではないでしょうか。

縁側は、自然と家族が集まる場所。食事をしたり、宿題をしたり、寝転んだり、DIYをしたり…。さまざまな使い方ができる場所です。用途に合わせて必要な家具を持ち込みます。

ロッキングチェアを持ち込んで漫画本に浸るのも、次男のお気に入りの過ごし方。

**イスを添えれば
デスクに早変わり**

押し入れの棚の高さがデスクにちょうどいい。次男がよくここで本や図鑑を開いたり、作業をしたりしています。

**りんご箱を活用して
寝具をスッキリ収納**

上段はスペースを残し、下段にものを集約。シーズンオフの敷きパッドはキャスターを付けたりんご箱に収納しています。

押入れを生かす

押入れもまた、古い日本家屋ならではの空間。押入れに隠れたり、上段に乗って遊んだり……。幼い頃、そんな経験をしたことがある人も多いのではないでしょうか。我が家の子どもたちにとっても、押入れはワクワクする空間のようです。そこで、和室の押入れには、収めていたものを片付け、子どもたちがのびのびと遊べるスペースをつくりました。上段に上ってもよし、おもちゃや絵本を持ち込んで遊んでもよし。上段の棚板は机にもちょうどいい高さだと思い、イスを置いてデスク代わりにもしています。押入れというと、「収納」と思いがちですが工夫次第で、遊び場にも、デスクスペースにもなります。そんなふうにして、押入れを生かした暮らしを子どもたちと一緒に楽しんでいます。

**上ったり、下りたり、
隠れたり。
子どもたちの秘密基地**

４歳の娘にとって、ここは絶好の遊び場。上って、下りて、また上ってが、止まりません。

押入れの中は
奥行きもあって広々

奥行きがあることも、押入れの特徴。広々としているので、ゆったり遊べます。

かご

我が家のあちこちにあるかご。一口にかごと言っても、デザインはさまざま。

古民家の暮らしに似合う小物

やさしい色合いなので
どんな空間にもすっとなじむ

この家で暮らす以前から、かごは大好き。さまざまな大きさや形のかごが、我が家にはあちこちに点在しています。

かごは収納としてはもちろん、インテリア小物としても活躍。棚などの上にさりげなく置けば、それだけで、温かみのある雰囲気に。我が家はＤＩＹで壁紙や床を貼り変えたり、装飾を加えたりして少しずつ味わいを加えてきましたが、かごもまた、空間に味わいを加えてくれるアイテムです。

また、天然素材のやさしい色合いなので、どこに置いても浮くことなく、すんなりなじみます。その点もかごが使いやすい理由です。

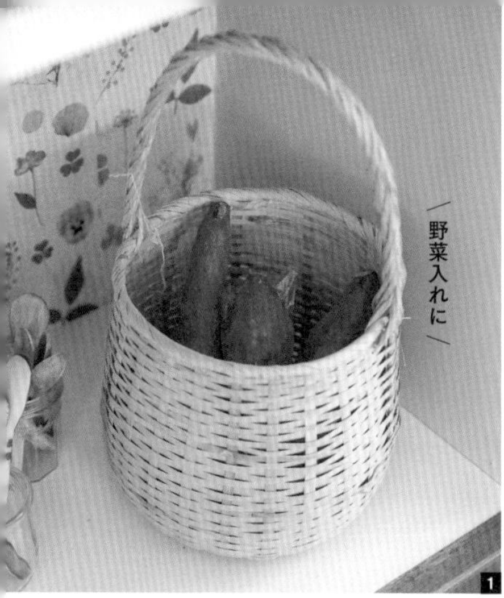

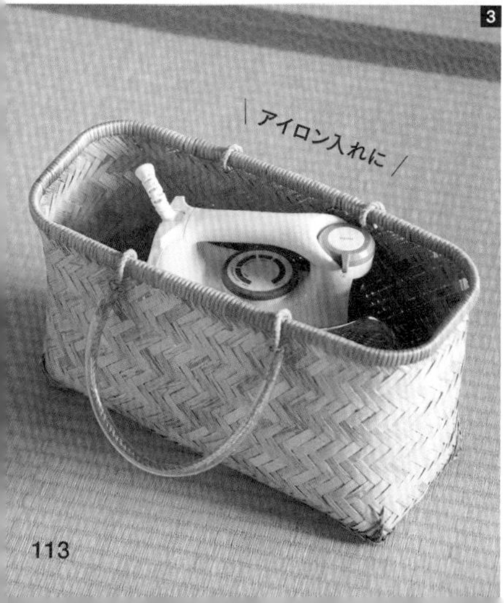

1 取っ手ところんとした丸みがかわいいかごは、ダイニングの食器棚のアクセントに。
2 洋風のかごも活躍。これは、デンマークのブランド「ブルーミングヴィル」のもの。
3 アイロンがすっぽり入る竹かご。お手製のアイロン台（Ｐ98）の雰囲気とも好相性。

温かみある暖色系の光が古民家の趣を引き立てる

我が家のインテリアに欠かせないのが、温かみのある光を放つライトです。暖色系のやさしい光は、手づくりした家具や古道具とも調和し、趣のある空間を演出します。

また、形状で光の広がり方や、与える印象

1 キャンドルウォーマー機能も備えたランプ。ランプの熱によりキャンドルが溶けることで、香りが広がります。空間も引き締めるクールなデザインも好みです。
2 洗面所のライトは、手づくりしたもの。八角形の板で遊び心をプラス。
3 灯油ランプのようなデザインが印象的なこのランプは「イケア」で購入。電球が、燃える炎のよう。明るさの調整もできます。

が違うのもライトのおもしろいところ。例えば、廊下の棚上に置いたドーム型ライトは光がふわっと四方に広がり、そのまわりにできる深い陰影が落ち着いた雰囲気を演出。リビングに吊るした線香花火のような繊細なワイヤーライトは、空間を愛らしく彩ります。

　いずれにしても古民家には蛍光灯のような光より、暖色系の光のほうが合う気がします。

4 ホーンプリーズのLEDワイヤーライト。これ1つで空間が愛らしい印象になります。電池式なので、場所を選ばず使えます。

5 こちらも、ホーンプリーズのライト。球体の中から放たれるふんわりとした光が四方に広がります。

2

1

4

3

古道具

1 友人にいただいた古道具の建具を扉にした飾り棚。ていねいにつくられた格子が、美しい！

2 古道具屋で、1500円で調達したちゃぶ台。重厚感のある色が和室のアクセントに。

3 友人から譲り受けた古いロッキングチェア。ボロボロだった座面は自分で張り替えました。

4 お気に入りのアンティークチェア。繊細なライン、深みのある色合いや艶も素敵。

5 古道具のショーケース。中棚を自分で取り付け、かわいい箸置きなどを陳列しています。

6 古道具屋で購入した引き出し。美しい木目、色合いが魅力です。大きさもちょうどいい。

5

6

本物にしか出せない色や風合いも取り入れる

我が家には古道具風に仕上げた手づくりの家具がたくさんありますが、本物の古道具も愛用しています。古道具屋さんで購入したもの、友人からいただいたもの……。いただいた古道具をリメイクしたり、修繕したりすることもあります。

古道具の魅力は、やはり長い時間を経たからこその風合い。DIYではどうしても出せない美しい風合いや色、繊細な形のアイテムに出合うことも。そういった「本物」もたまに取り入れて楽しんでいます。手づくりのよさと古道具のよさ。どちらも生かしながら、自分らしい空間を育てていきたいです。

キッチン雑貨

ドリップスタンドはKINTO、ドリップポットはカリタのもの。どちらもコーヒーの味わいを深めてくれます。

銅の調理器具は見ているだけでも癒やされる

家具類はDIYで自分好みのものをつくれますが、調理器具となるとなかなかできません。だからといって、好みでないものを使うのは気が進まない……ので、少々高価でも、好きなものをそろえています。とはいえ、"いいもの"はそれだけ長く使えるので、安価のグッズを何度も買い替えるよりコスパがいいのではないかと思います。そして調理器具が変われば驚くほどおいしくなることも実感！　初期投資はあっても、長い目で見れば、いいことづくめです。なかでも私のお気に入りは銅の調理器具。美しい色彩、光沢にほれぼれ。見ているだけでも幸せな気分に。

1 東屋の銅之薬缶。高価なので相当迷いましたが、買って正解。湯を沸かすだけで癒やされます。
2 中村銅器製作所の玉子焼鍋。これでつくる卵焼きは、驚くほどしっとりふっくら！
3 KING無水鍋を使い始めてから、確実に料理がレベルアップ。軽量なこともポイント。

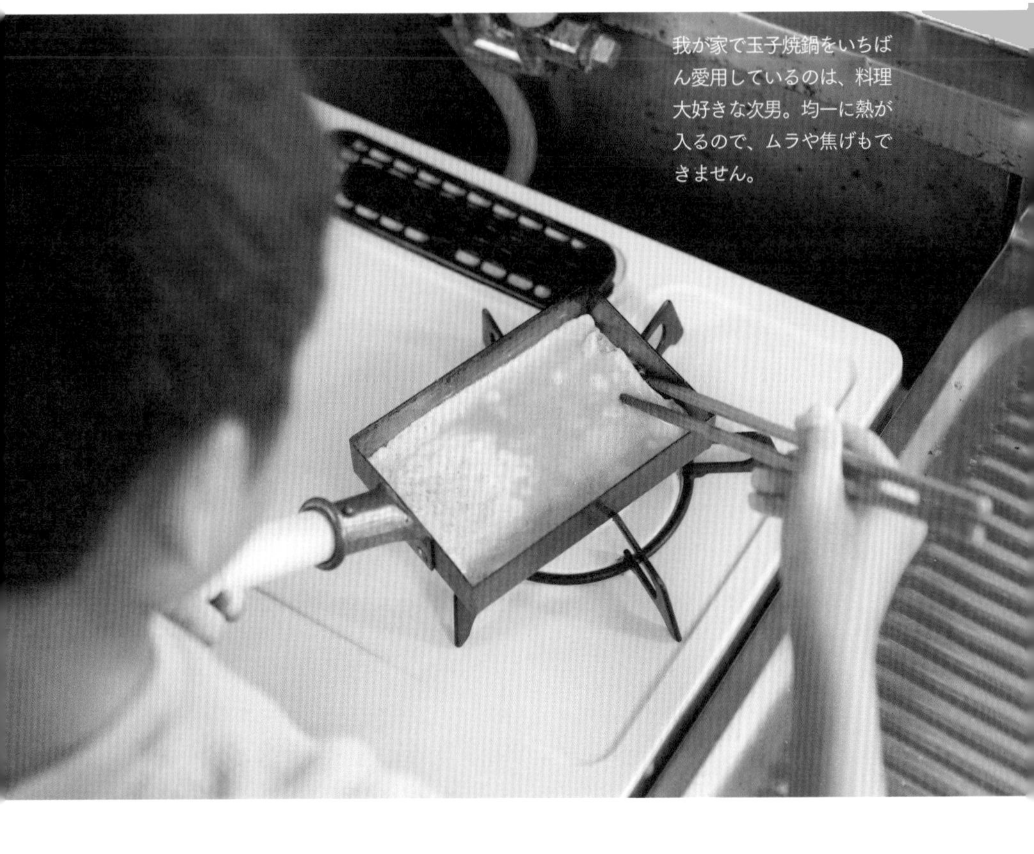

我が家で玉子焼鍋をいちばん愛用しているのは、料理大好きな次男。均一に熱が入るので、ムラや焦げもできません。

キッチン雑貨

1 自作した木製トレーも日々活躍。
2 柳宗理のステンレスボウル。数年使っていますが、ほぼ傷がつきません。
3 カマンカッティのプレートと、０歳から使える包丁。４歳の娘も愛用。
4 フォルムもかわいい、IWANOの陶器のおひつ。電子レンジもＯＫです。
5 ユニークなデザインのペッパーミル。オブジェとしても楽しめます。
6 青森ひばのまな板。ひばは、殺菌力に優れているので黒ずみにくいそう。
7 丸型のまな板は、両端がないぶん、作業台が広く使えます。

1

2

3

4

6

5

7

3

1

食器

食器類も手づくりの温もりあるものが好きです。主に地元の作家さんの食器を愛用。
1 宮崎の石神美鈴さんの作品。お鍋時間が楽しくなります。
2 銀色少年とアカイふらすこさんのピッチャーは美しい青に一目ぼれ。プレートは、京都の陶芸家さんの作品。3、4 宮崎のKOBAさんの作品。ぽってりしたフォルムがかわいい。

4

2

ストーブ

1 以前の家から愛用しているコロナの石油ストーブ。レトロなデザインが、我が家の雰囲気にぴったり。子どもたちが天板に触れないように別売りのストーブガードも活用。2 調理にも大活躍。手付き焼き網を使えば、トーストも焼けます。3 ストーブガードの天板はテーブルにもなります。天板も温かくなっているので、飲み物もここに置いておけば冷めません。4 せいろ蒸しも我が家の定番。冷やご飯ももっちりおいしく温まります。

発酵食品のある暮らし

「塩こうじ」をつくるときはまず、米こうじと塩を手でもむようにして、混ぜ合わせます。水を加えて発酵器で約8時間発酵させれば完成！

塩こうじ、みそ、梅干し。どれもスーパーなどで簡単に既製品が手に入りますが、自家製のほうがおいしい！

でき上がりを待つワクワクも手づくりの醍醐味

ＤＩＹが好きになると、家の中や家具以外でも、「手づくり」に目を向けるようになりました。例えば、発酵食品や保存食などもそのひとつ。塩こうじ、みそ、梅干しなども手づくりをしています。一見手間がかかりそうですが、やってみると簡単だし、楽しい！　そして、でき上がっていく過程で味わえるワクワク感は、ＤＩＹとも似ています。

　我が家の子どもたちは、料理も大好きです。ＤＩＹや料理をする中で、どうすればカタチになるか、想像して、工夫して、試して、失敗もして。そういった経験は、きっと将来の役にも立つのではないかなと思っています。

おわりに

最後までお読みいただき、本当にありがとうございます。

この本をつくるにあたってまず思ったことは、「DIYをしたいけど難しそうでできない」という方の背中を押す1冊にしたいということです。たくさんの方のお力添えをいただき、そういった思いをカタチにできたと思います。

DIY歴約9年の私ですが、いまでもよく失敗をしています。でも、失敗しても何度でもやり直せるのがDIYのいいところです！　それに「失敗は成功の基」といいますし、試行錯誤しながら完成したときの達成感は何ものにも代えがたいです。だからこそ自分の手で暮らしを整えることの楽しさをぜひ皆さんにも味わっていただきたいです。きっと、自分の暮らしに対する愛情やワクワク感、既製品を買うのとは一味違った「自分らしさ」も得られると思います。

最後になりますが、この本をきっかけに一人でも多くの方に「やってみよう」と思っていただけたらうれしいです。

自分なりのゆるDIYライフを一緒に楽しみましょう！

さしゃ